LA VENTA INVISIBLE

La influencia oculta para que tu
producto se venda por sí solo

Copyright © 2025 Juan Schukin

Todos los derechos reservados.

# TU ARSENAL INVISIBLE

"El objetivo del marketing es hacer que la venta sea innecesaria".

— Peter Drucker

Te regalo uno de mis libros	4
Acerca de Juan Schukin	6
El boom de los vendehumos	8
Arma #1: El secreto de los copywriters de élite	13
Arma #2: El mapa para crear al hombre de nieve	32
Arma #3: El poder Jedi para que supliquen que les vendas	47
Arma #4: Truco para iluminar a tu público	67
Arma #5: La "gran idea" para vender lo mismo	72
Arma #6: Así creas autoridad casi instantáneamente	77
Arma #7: Lead magnets o sobornos que venden	84
Arma #8: La técnica adictiva de "Breaking Bad"	88
Arma #9: El método hipnótico de los productos de ficción	92
Arma #10: Conexión emocional de dimensiones astronómicas	200
Arma #11: El secreto para una marca súper adictiva	216
Arma #12: El santo grial del email marketing	259
Más secretos gratis	267

JuanSchukin.com

Te regalo uno de mis libros

"Tener clientes satisfechos ya no basta. Si de verdad quieres un negocio próspero, tienes que crear fans incondicionales".

— Ken Blanchard

Te quiero **regalar** cualquiera de mis libros que vendo en Amazon (excepto *Copywriting Recargado*) por haber comprado este libro que estás leyendo.

Si has intercambiado tu dinero para tener este libro en tus manos (o en tu Kindle), significa que decidiste darle una oportunidad, incluso quizás sin conocerme.

Sin embargo…

Para saber los detalles para obtener otro de mis libros totalmente gratis, puedes escanear el siguiente código QR o sino ingresar a la URL que verás más adelante:

JuanSchukin.com

La Venta Invisible #5

O sino puedes visitar la siguiente página web:

JuanSchukin.com/regalo

Estoy pensando en eliminar este regalo que estoy haciendo. Así que, aprovecha mientras lo esté ofreciendo. Podría eliminarlo en cualquier momento.

Acerca de Juan Schukin

> "¿Quién, yo? La voz de la experiencia".
>
> — Hunter
> *Killer Elite*

Juan Schukin ha sido desde el año 2012 un marketer encubierto: alguien que vende bajo el nombre de un pseudónimo y no vende cursos de ganar dinero.

Ha estado en las trincheras creando negocios en nichos muy variados como…

- artritis
- bajar de peso
- diabetes
- eyaculación precoz
- reflujo
- gastritis

- seducción

- SEO

Y ha incursionado en dos startups de literalmente miles de dólares de inversión (un ecommerce y una app móvil). Aunque no tuvo mucho éxito en ese campo.

Por lo tanto...

Para sobrevivir con sus negocios, no solo ha tenido que aprender lo básico de marketing, copywriting y ventas, sino que también tuvo que perfeccionarse si quería sobrevivir con sus negocios.

Y está tan loco, que todo lo que ha aprendido a lo largo de los años tanto de marketing como de copywriting lo está enseñando en su sitio web:

JuanSchukin.com

Y allí mismo podrás solicitar un regalo para ayudarte a ganar más dinero con tu negocio o profesión.

El boom de los vendehumos

"Nunca escribas un anuncio que no quisieras que tu propia familia leyera. No le mentirías a tu esposa. No le mientas a la mía. Haz lo que te gustaría que hicieran contigo. Si mientes sobre un producto, te descubrirán".

— David Ogilvy

Eran las 4 de la tarde. Sentado frente al ordenador, giré mi cabeza para mirar a través de la ventana. Veía cómo las gotas mojaban el cristal golpeándolo con fuerza debido a la tormenta, una tormenta cuyas nubes cubrían el sol por completo, haciendo parecer la tarde una noche fría de invierno.

Me levanté para mirar a través del cristal de la ventana. Y pude ver mi fatigado rostro en su reflejo. Y me pregunté cuándo mi vida iba a cambiar. Me volteé a mirar hacia mi escritorio, lleno de papeles, seguro algunos ya no servían. Alcancé a ver en uno de ellos:

Objetivo para dentro de un año: ganar 4 cifras mensuales en internet con mi negocio de infoproductos.

Objetivo para dentro de dos años: ganar 10K mensuales.

Sonreí, pensando en lo ingenuo que fui hace 12 meses cuando lo escribí. Me senté en mi viejo sofá para descansar un rato después de varias horas de trabajo. Sentía dolor en todos los músculos de mi cuerpo, como si los hubiese trabajado en el gimnasio. Aunque no había hecho ejercicios. Y allí, sentado en mi sofá, me pregunté: "¿Cómo puede ser que haya llegado a esta situación? ¿Y cómo hago para salir?"

Pensaba en mi negocio de bajar de peso, donde vendía el libro digital de otra persona como afiliado, un infoproducto que costaba USD 47. Y me preguntaba por qué las personas no estaban comprando lo que vendía. Mis ventas rondaban solo los cien euros o dólares mensuales. Si no hubiese tenido los trabajos que realizaba como freelancer, no sé qué hubiese hecho.

"Ésta no es la vida que esperaba tener cuando empecé mi negocio por internet", pensé.

Había empezado a hacer negocios por internet porque veía cómo algunos marketers eran 100% libres y vivían con una gran calidad de vida. Es decir, sin un jefe. Sin empleados. Sin una tienda física. Sin productos físicos que despachar. Y dándose casi cualquier lujo que quisieran, ya que las ganancias de este tipo de negocios lo permitían. Yo quería exactamente todo lo mismo. No quería recibir órdenes de nadie y quería ser mi propio jefe. Si bien suelo levantarme temprano todos los días (antes de las 6 am), me aterrorizaba la idea de levantarme temprano y desayunar rápidamente, todavía dormido… para subirme a mi coche, soportar el estresante tráfico y llegar al trabajo… estar en la oficina 8 o más horas encerrado en un lugar donde no quería estar… y luego volver a mi casa agotado por la jornada laboral, descansar en el sofá un par de minutos, cenar y luego irme a dormir para repetir la misma aburrida y estresante rutina al día siguiente.

Pero evidentemente había fallado en algo. Porque, sin darme cuenta, acabé con una vida muy parecida… y estresante. Era esclavo de mi propio sistema: el sistema que yo había creado para mí, el cual no estaba funcionando.

Como no ganaba el dinero suficiente con mi negocio online, tenía que trabajar como freelancer, hasta que mi negocio despegara. El problema era que éste jamás lo hacía. Para salir de esa situación en la que yo solo me había metido, empecé a ahorrar y a comprar los cursos que mi presupuesto me permitía, cursos que prometían enseñarte cómo ganar dinero vendiendo infoproductos. Pero algunos de esos cursos no eran lo que yo esperaba.

Empecé a seguir a falsos gurús. Sin embargo, en ese momento, debido a mi ignorancia, no sabía que eran falsos gurús. Sabían cómo hacer para llamar la atención de un novato, con sus falsas promesas y sus viajes falsos por el mundo y sus coches alquilados. Sin embargo, jamás compraba más de dos cursos de un mismo "gurú". Los productos no eran exactamente una estafa. En los cursos podías encontrar la información que ellos prometían en sus cartas de ventas. Pero no era suficiente para lograr el objetivo que ellos te prometían en sus cartas. Y era muy fácil darse cuenta que algunos en realidad no estaban ganando dinero por internet. En realidad, sí estaban ganando dinero por internet, pero solo vendiendo sus cursos sobre cómo ganar dinero por internet. Es decir, jamás habían ganado un solo centavo en un nicho que no sea el de negocios online. Te estaban enseñando a lograr algo que ellos jamás habían logrado alcanzar. Te manipulaban con sus tácticas de venta. Y se promocionaban entre ellos para mantener con vida sus "negocios".

Pero llegó un momento en que me harté y dejé de escuchar a los vendehumos. Y con el dinero que ganaba como freelancer, empecé a comprar y leer libros de marketing (algunos relativamente caros). Y a testear qué funcionaba y qué no.

La historia es un poco más larga. Pero para resumir… un día hice un par de cambios en mi negocio. Y los resultados fueron bastantes satisfactorios. Al poco tiempo después empecé a generar mis primeros

1.000 euros o dólares mensuales con ese negocio de bajar de peso. Empecé a entender cómo funcionaba este mundo de los negocios online y de los infoproductos.

Seguí educándome más en marketing y en negocios. Y mis ganancias fueron en aumento con cada nuevo negocio que iniciaba. Así comencé a vender infoproductos en diversos nichos, principalmente de salud, y me convertí en un **marketer encubierto** (alguien que vende bajo el nombre de un pseudónimo y no vende cursos de cómo ganar dinero).

Inicié varios negocios relacionados con la salud, el amor y el fitness: aumentar masa muscular, seducción, artritis, diabetes, VPH, eyaculación precoz… todos nichos fuera del nicho de ganar dinero por internet. Así fue como llegué a vivir de esto. Y a medida que ganaba más dinero, menos atención prestaba a los vendehumos. Hasta que por unos años llegaron a ser invisibles para mí.

Hasta ahora.

Un día empecé a investigar cómo estaba el mercado hispano con respecto a los negocios online. Y toda la mierda que encontré casi me hizo vomitar. No solo se habían multiplicado los vendehumos… sino que las promesas eran mucho más exageradas que antes y habían evolucionado en los "influencers del humo", usando las redes sociales para seguir atrayendo a los más novatos hacia su red de mentiras. Estas plataformas son como una droga para los vendehumos, donde pueden mostrar sus coches y mansiones alquiladas (y algunos, a sus mujeres alquiladas) y convencer a los más ingenuos de que pueden hacerse millonarios con internet con solo 3 clics.

Esa es una de las razones por las que decidí comenzar mi proyecto en **JuanSchukin.com**… para mostrar que existe otro tipo de marketing diametralmente opuesto al marketing de los vendehumos. Un marketing — en definitiva — MÁS ÉTICO. Y aclaro que "ético" no necesariamente implica que no funcione. Puedes ser un excelente vendedor o copywriter, con cartas de ventas irresistibles para las personas, y aún así hacerlo de forma ética, sin necesidad de recurrir a las mentiras que recurren los vendehumos o influencers del humo.

Ese tipo de marketing ético es el que voy a enseñarte para que apliques en tu negocio, para convertir desconocidos en clientes… y clientes en superfans. Superfans que te comprarán una y otra vez a ti y no a tu competencia, porque saben que con tu producto o servicio van a obtener mucho más valor que lo que cuesta obtenerlo. Y es el mismo tipo de marketing que vas a recibir de mí… cuando te unas a mi newsletter gratuito que te volará la cabeza:

JuanSchukin.com

Y dicho eso, empecemos con la primera lección o arma del marketing de este libro.

Arma #1: El secreto de los copywriters de élite

"El marketing no es una función, es todo el negocio visto desde el punto de vista del cliente".

— Peter Drucker

Mi negocio no lograba despegar. Y debía hacer algo pronto porque no podía seguir en el pozo en el que me encontraba. Sentado delante de mi ordenador, comencé a analizar mi negocio y por qué no estaba generando el dinero que necesitaba. Sabía que otros marketers estaban ganando miles euros o dólares promocionando productos de otras personas o vendiendo sus propios productos de información o infoproductos. ¿Cuál era la diferencia entre ellos y yo? Pasé largo rato analizando mi sitio web y pensando. Hasta que un día empecé a hacerme preguntas básicas y a responderlas.

¿Cómo podía aumentar las ventas? Aumentando el tráfico o aumentando las conversiones.

Lo primero no podía hacerlo. Ya tenía bastante tráfico gratuito de Google. Así que el problema estaba dentro de mi sitio web.

¿Cómo podía aumentar las conversiones? Convenciendo a las personas de que compren el producto que estaba vendiendo.

¿Cómo podía hacer eso?

Y allí lo vi.

Debía mejorar muchísimo el copywriting que estaba usando en mi sitio web. Esa era la respuesta que estaba necesitando para despegar mi negocio:

El Copywriting

Me estaba faltando ese importante elemento.

Mi sitio web solo consistía en artículos sobre bajar de peso y un review donde contaba los beneficios del producto. Jamás iba a tener éxito de verdad vendiendo un producto de esa forma. Si no entendía cómo persuadir a las personas a comprar, me iba a morir de hambre con mi negocio.

Gracias a algunos libros que había comprado, me di cuenta de un error muy importante que estaba cometiendo. Quería vender un libro de bajar de peso a un grupo de personas que ni siquiera conocía. No conocía cuáles eran sus sueños, cuáles eran sus frustraciones, o a qué le tenían miedo. No sabía absolutamente nada de ellos. ¿Cómo pretendía venderles un libro de bajar de peso si ni siquiera sabía exactamente qué querían?

¿Alguna vez has intentado escribir un texto dirigido a un público objetivo para vender tu producto, pero no sabías exactamente cómo dirigirte a ellos porque no conocías sus deseos y temores? Y como no los conocías, asumías los deseos y temores que podrían tener, porque creías que debería ser así como tú lo pensabas.

Si has hecho eso, gran error.

Yo también lo he hecho. Y por esa razón no vendía la cantidad de productos que esperaba vender. De hecho, los mejores copywriters del mundo, como Doug D'Anna, coinciden en una sola cosa:

"Todo el copywriting es acerca del mercado"

No sobre cómo usar las mejores palabras. O sobre cómo copiar/adaptar anuncios ganadores a tu nicho. O sobre cómo tener el mejor prompt para usarlo en ChatGPT — que por cierto, no entiendo cómo un copywriter (supuestamente serio) pueda usar una IA para que le escriba los textos, arrojando como resultado un trabajo con CERO personalidad.

Si eres copywriter o te estás educando en el tema, y te sientes un poco desilusionado sobre lo que acabo de decir, no te preocupes, yo también me sentí así. Lo anterior no significa que las palabras no sirvan y que no debas educarte en cómo escribir mejores anuncios. Deberías hacerlo. Pero siempre, lo más importante, **será conocer (casi) a la perfección tu mercado,** ya que es imposible escribir texto que ejerza influencia sobre las personas si no las conoces, y si no sabes qué las motiva a comprar. Además, conocerlas a la perfección te permitirá destacarte por sobre tu competencia, ya que los entenderás mejor que nadie.

Entonces…

Si quieres lograr que tus futuros clientes confíen en ti y te compren una y otra vez, convirtiéndolos así en superfans de tu marca, debes conocer todo sobre ellos: sus miedos, sus sueños, los problemas que quieren resolver, por qué no pueden dormir por las noches. Si ellos ven que los entiendes, sabrán que puedes ayudarlos y que tienes la solución a sus problemas.

Otra razón fundamental por la cual debes conocer a tu audiencia es para poder segmentarla y hacer llegar mejor el mensaje que intentas transmitir, **pero SOLO si vas a trabajar en un nicho masivo donde tu público tendrá diferentes características**, tanto demográficas (por ejemplo: edad o género) como psicográficas (por ejemplo: sueños, temores o razones para querer cambiar).

La razón por la cual debes segmentar a tu audiencia es porque, en un nicho masivo como el de bajar de peso, jamás tendrás un grupo de personas con las mismas características. Vamos a verlo con un ejemplo para que sea más fácil de entender.

Sigamos con el ejemplo del nicho de bajar de peso. Una forma de segmentar a tu audiencia sería por género. No es lo mismo comunicarte con un hombre que con una mujer. Así como tampoco es lo mismo comunicarte con una mujer que quiere bajar de peso y que tiene 25 años que con una mujer de 50. Sus metabolismos son muy diferentes, además de que quizás la razón por la cual quieran bajar de peso sea diferente en ambos casos. Una chica de 25 años podría querer bajar de peso porque quiere verse bonita para el sexo opuesto. Y una mujer de 50 años quizás quiera bajar de peso porque el médico le dijo que si no lo hacía sus niveles de colesterol le podrían perjudicar seriamente su salud.

Como ves, si estás en un nicho masivo, conocer mejor a tu audiencia te ayudará a segmentarla en grupos más específicos para que tus futuros clientes sientan que les estás hablando directamente a ellos. En cambio, si intentas hacer llegar tu mensaje a un grupo conformado por hombres y mujeres de entre 25 y 55 años, probablemente muy pocos se sientan identificados con ese mensaje y las conversiones serán muy bajas.

Por lo tanto…

Segmentar a tu audiencia te va a permitir aumentar las conversiones. Y además podrás destacarte de otros marketers que suelen crear productos que nadie quiere comprar, simplemente porque jamás se preocuparon por investigar más sobre su audiencia. Ahora, para conocer a tu audiencia, tienes dos alternativas:

- Puedes investigar.

- O puedes hacer una encuesta.

Ambas opciones tienen sus ventajas y desventajas. La ventaja de la investigación es que no necesitas invertir dinero. Simplemente investigas en foros, en los comentarios de los libros de Amazon o de las redes sociales, en blogs o en otros lugares relacionados con tu temática. Pero la desventaja es que lleva tiempo. En cambio, la desventaja de la encuesta es que debes invertir algunos euros o dólares en una herramienta para hacer encuestas (como crowdsignal.com). Pero la gran ventaja es que podrás hacer la pregunta correcta a tu audiencia para conocerlos mejor. Tu propia audiencia te dirá cuáles son sus preocupaciones y deseos. Y eso vale mucho.

Por lo tanto...

La forma que recomiendo (y que voy a explicar) es la encuesta. La investigación no voy a explicarla porque no hay mucho que explicar. Por ejemplo, si tu nicho es el de perder peso, simplemente busca en Amazon libros sobre ese tema y lee las reviews. También visita foros y blogs y lee los comentarios de las redes sociales o de los grupos de Facebook. Y anota todo lo que te parezca importante para entender mejor a tu audiencia. Y después de anotar todo eso, haz tu Mapa de Empatía, el cual lo explicaré en un capítulo más adelante.

Ahora...

Con respecto a la encuesta, muchos emprendedores se equivocan a la hora de hacer la pregunta correcta. Muchos piensan que hacer las siguientes preguntas les ayudará a entender mejor a sus clientes:

- ¿Qué producto te gustaría que creemos para ayudarte a solucionar tu problema?

- ¿Cómo podemos ayudarte mejor?

Pero hacer eso es un...

GRAVE ERROR

Seguramente pienses que esa es la forma correcta de averiguar lo que las personas quieren. No te preocupes, yo también cometí estos errores. Lo cierto es que preguntarles a las personas lo que quieren no ayudará a entenderlas mejor, simplemente porque **las personas no**

saben lo que quieren. Hay un caso que ejemplifica a la perfección lo que intento transmitirte. Seguramente sepas quién fue Henry Ford. Este empresario fue el fundador de la compañía Ford Motor Company y quien popularizó la cadena de montaje.

Una de las frases más célebres de Henry Ford fue:

"Si hubiera preguntado a las personas qué es lo que necesitaban, me hubieran dicho que un caballo más rápido"

Si necesitas pruebas de ello, simplemente analiza cómo te comportas tú mismo. Si te juntas con un par de amigos a mirar una película en Netflix y te preguntan qué quieres mirar, quizás respondas algo como: "No sé. ¿Ustedes qué quieren mirar?"

Ahora…

Probablemente te estés preguntando cómo podemos conocer los deseos e inquietudes de las personas si ellos no tienen idea de lo que quieren. Pues… las personas no saben lo que quieren. **Pero sí saben lo que no quieren.** Y esa es la clave. Siguiendo con el ejemplo de las películas de Netflix… si tú odias las películas de terror, y tus amigos te preguntan si quieres ver "El exorcista", ¿les vas a responder "no sé"? ¿O vas a responder "no, no me gustan las películas de terror"? Probablemente lo segundo. Por lo tanto, cuando formules tus preguntas en las encuestas, debes siempre concentrarte en lo que NO quieren, porque sólo así obtendrás las respuestas que estás buscando. En un rato te diré cómo hacer la pregunta. Pero primero quiero explicar algo sobre la encuesta.

Y es que… ¿cómo debes realizar tu encuesta?

Para realizar una encuesta para conocer mejor a tu audiencia, lo ideal es hacerla lo más simple posible. Seguramente a ti no te guste llenar encuestas. A mí tampoco. Y creo que a nadie le gusta hacerlo. Por lo tanto, si quieres que gran parte de las personas que visitan tu encuesta respondan tus preguntas, debes hacerlo fácil para ellos. Para hacerlo lo más fácil posible, la encuesta tendrá como máximo tres páginas, y en cada página habrá sólo una pregunta. Nuevamente menciono que deberías usar una herramienta online como crowdsignal.com, la cual te facilitará dividir en tres páginas la encuesta. En cada página es una buena idea que aparezca el número de páginas restantes que faltan para completar la encuesta. Esto sirve para que las personas no piensen que podría haber cinco o más páginas para terminar la encuesta. Si piensan eso, probablemente la abandonen antes de terminar de responder las preguntas.

La encuesta estará organizada de la siguiente forma:

- Página 1: la Pregunta Reveladora

- Página 2: la Pregunta de Dificultad

- Página 3: pedir el email (opcional)

La **Pregunta Reveladora** es el nombre que elegí para este tipo de pregunta. La Pregunta Reveladora es la base de tu encuesta y es obligatorio para las personas responderla. Esta es la pregunta que harás a tu público para descubrir todo sobre ellos. Es donde vas a preguntarles cuál es el principal desafío que encuentran en el nicho en el cual quieres empezar a hacer negocios o en el cual ya estás haciendo negocios.

La estructura es así:

Cuando se trata de _____, ¿cuál es el desafío #1 con el que te estás enfrentando ahora mismo?

Y las líneas en blanco debes llenarlas con el nicho en cuestión. Sin embargo, debes tener mucho cuidado cómo rellenas esas líneas en blanco. Debes ser cuidadoso de no ser muy amplio ni tampoco muy específico, ya que eso afectará a la calidad de las respuestas y la cantidad de palabras que usen. Si lo haces muy amplio, obtendrás respuestas muy generales que no te ayudarán a entender a tu audiencia, ni a segmentarla si es que también quieres hacer eso. Y si lo haces muy específico, quizás obtengas respuestas más largas que si lo hicieras más amplio, pero al ser respuestas tan específicas en un cierto tema, se te estarán escapando otros grupos de personas los cuales también conforman a tu audiencia objetivo.

Veamos algunos ejemplos en diferentes nichos para que lo entiendas mejor. En el nicho que enseña a vender infoproductos, muy amplio sería así:

Cuando se trata de marketing online, ¿cuál es el desafío #1 con el que te estás enfrentando ahora mismo?

Escribir "marketing online" es un gran error, porque el marketing online abarca muchos temas además de la venta de infoproductos, tales como el SEO, SEM, redes sociales, email marketing, video marketing, etc, etc, etc. Y muy específico sería así:

La Venta Invisible

Cuando se trata de segmentar a tu público para comprar anuncios en Meta Ads para vender infoproductos, ¿cuál es el desafío #1 con el que te estás enfrentando ahora mismo?

La pregunta correcta sería:

Cuando se trata de vender productos de información por internet, ¿cuál es el desafío #1 con el que te estás enfrentando ahora mismo?

Ok, esta quizás era un poco obvia. Pero mira los siguientes ejemplos…

En el nicho de bajar de peso, muy amplio sería así:

Cuando se trata de fitness, ¿cuál es el desafío #1 con el que te estás enfrentando ahora mismo?

Y muy específico así:

Cuando se trata de elegir los carbohidratos correctos, ¿cuál es el desafío #1 con el que te estás enfrentando ahora mismo?

La pregunta correcta sería:

Cuando se trata de reducir el tamaño de tu cintura, ¿cuál es el desafío #1 con el que te estás enfrentando ahora mismo?

Ahora veamos un ejemplo para el nicho de la seducción (para hombres). Una pregunta muy amplia sería:

Cuando se trata de relaciones (o amor), ¿cuál es el desafío #1 con el que te estás enfrentando ahora mismo?

Muy específico sería:

Cuando se trata de enviar un mensaje de celular a una mujer que te gusta, ¿cuál es el desafío #1 con el que te estás enfrentando ahora mismo?

Pregunta correcta:

Cuando se trata de seducir a una mujer que te gusta, ¿cuál es el desafío #1 con el que te estás enfrentando ahora mismo?

Ahora que quedó claro la forma de correcta de formular la Pregunta Reveladora, hay algo más que debes incluir en la página 1 (recuerda que esta es la página donde se incluye la Pregunta Reveladora). Nosotros queremos que las personas escriban todo lo que sienten o todos los problemas que tienen. Por lo tanto, debes pedirles eso. Pídeles que no sean tan generales a la hora de responder y que de esta forma podrás ayudarlos mejor en el futuro con tus consejos. No menciones futuros productos, porque quizás se asusten y abandonen inmediatamente la encuesta. Por ejemplo, en el caso del nicho de bajar de peso, puedes escribir algo como:

Por favor intenta ser lo más específica posible. No respondas algo como "no veo ningún avance" o "malos genes" e intenta

contarme con el mayor detalle posible. **Mientras más detalles me cuentes sobre tu desafío #1, más probabilidades hay de que pueda ayudarte con mi futuro contenido a superar ese principal desafío.**

Si algunas personas te comentan que no entienden lo que les estás pidiendo (me ha sucedido)… bueno, déjalos. No puedes pretender que alguien compre un producto tuyo si ni siquiera hizo el mínimo esfuerzo por entender lo que estás pidiendo o para interpretar una simple pregunta.

Pero todavía falta la página 2 y 3.

En la página 2 deberás incluir la **Pregunta de Dificultad**, la cual también debe ser obligatorio responder. Es tan solo una pregunta cuya respuesta requiere de un simple "sí" o "no".

Se debe formular de la siguiente forma:

¿Fue difícil encontrar una solución a este problema que estás teniendo?

Como seguramente te estarás imaginando, queremos saber si a las personas les resultó difícil encontrar en internet o en algún otro lugar una solución al problema que están intentando resolver. La razón por la cual queremos saber si les ha resultado difícil encontrar una solución es para saber si esas mismas personas están dispuestas a invertir dinero en tu producto. Imagina que el 90% responde "no". Si eso sucede, te sugiero que cambies de nicho porque el 90% seguramente no te va a comprar. De todos modos, jamás me ha sucedido eso. En todas las encuestas que he realizado, solo un número menor al 10% ha respondido "no". Sería muy extraño que obtengas un resultado del 90%.

Y por último, ahora viene la página 3.

La **página 3** no es absolutamente necesario que la incluyas para realizar la encuesta. Pero, si el tráfico a tu encuesta serán personas que no te conocen y que no tienes en tu lista de suscriptores (emails), recomiendo mucho incluirla para construir una lista, ya que en esta página vas a pedirles su **email**. En cambio, si las personas que van a llenar tu encuesta ya se encuentran en tu lista (asumiendo que tienes una), entonces no es necesario que incluyas esta página.

Ahora, algo importante. Y es… ¿cómo obligarlos a llenar la encuesta?

Es muy probable que muchas personas no estén dispuestas a llenar la encuesta si no tienen un incentivo para hacerlo. Llenar una encuesta es considerado una pérdida de tiempo para muchos. Sino, piensa todas las veces que rechazaste responder una. Si el tráfico que va a llenar tu encuesta es un tráfico frío, lo recomendable sería ofrecer un regalo, también llamado soborno. Por ejemplo, si quieres empezar un negocio en el nicho de bajar de peso, puedes ofrecer gratis un plan de dietas de 30 días. O lo que tú quieras. Pero ten en cuenta que lo que vayas a ofrecer debe ser de calidad. No creas que porque es gratis debes ofrecer algo que no le sirva a tu público objetivo. Si las personas creen que no les va a servir, no se molestarán en obtenerlo, aunque sea gratis. Si el tráfico que va a llenar tu encuesta es un grupo de personas que ya te conoce (quizás porque ya son tus suscriptores), entonces no es absolutamente necesario ofrecer un soborno. Te aconsejo que, en este caso, hagas la prueba de no ofrecer nada gratis.

Pero…

¿Por qué no deberías ofrecer nada gratis si eso aumenta el número de personas que llenan la encuesta? Algo que todavía no mencioné, es que ofrecer un soborno tiene una gran desventaja. Al ofrecer algo gratis, las personas quizás llenen la encuesta solo para obtener eso que estás ofreciendo de manera gratuita. Y si responden tus preguntas solo para obtener el soborno, entonces esas preguntas no serán respondidas de forma totalmente sincera. Muchos quizás respondan "no tengo fuerza de voluntad" o frases parecidas y cortas que no ayudan mucho a conocer (y segmentar si es necesario) a tu audiencia.

Ahora… ¿qué incentivos se pueden ofrecer?

Puedes ofrecer un soborno de muchas formas diferentes. Puede ser un pequeño reporte o un audio que les revele a las personas algo que no sabían. Puede también ser un video donde muestres cómo realizar algo que muchos no saben cómo se hace. Siempre el contenido del soborno debe ser corto. Nunca entregues un soborno con mucho contenido. Pero no lo digo porque no queremos que las personas obtengan mucha información gratis. Sino porque algunos no van a consumir todo el contenido del soborno, aunque sea gratis. Existe un dicho que dice que las personas no valoran lo que no les cuesta trabajo. Y es cierto. Por lo tanto, tu soborno debe ser corto y además ofrecer un contenido que las personas no conozcan y que les pueda servir para poner en práctica cuanto antes.

Pero, ahora quizás te estés preguntando…

¿Cuántas respuestas debes tener para entender a tu audiencia objetivo y poder segmentarla si fuese necesario hacerlo? Como mínimo deberías tener **50 respuestas de alto valor** (idealmente 100). Con alto valor me refiero a respuestas que fueron respondidas de forma sincera y en donde las personas se han tomado el tiempo necesario para explicarte sus problemas y deseos. Para identificar este tipo de respuestas, deberás tener todas las respuestas en un Excel. Si usas una herramienta online para recopilar las respuestas de la encuesta, te permitirá exportar a una planilla de Excel. Una vez que tengas la planilla, simplemente ordena las respuestas de mayor a menor número de caracteres. Para hacer eso, te recomiendo que busques en Google algo como "ordenar celdas por número de caracteres en excel". Y te aparecerá una lista de páginas web o videos explicando paso a paso cómo hacerlo. Para que tengas bien claro a qué me refiero con respuestas de alto valor, te voy a dar algunos ejemplos de alto valor y bajo valor. Las de bajo valor, por supuesto, deberás descartarlas ya que no le aportarán nada a tu investigación.

Aclaro que voy a copiar y pegar exactamente los comentarios como fueron escritos, sin corregir las faltas de ortografía.

Respuestas de alto valor:

> **Mi peso siempre ha sido mi problema después de mi primer embarazo, tan sólo pesaba 56 kilos cuando quedé embarazada a la edad de 17 años, en este momento ya tengo 47 me considero una mujer joven y llena de vida pero mi sobre peso me hace ver mucho mayor, adoro los dulces y me es difícil dejarlos por completo, nunca he tenido problemas de azúcar. mi sobre peso siempre se ha adueñado de mi vientre y espalda. comer sano, debería hacerlo y mejorar mi salud y mi apariencia.**

Mi principal desafío es disciplinarme y disponerme a hacer ejercicios e implementar una dieta ya que soy consciente de eso pero la fuerza de voluntad no la tengo. Pero necesito y deseo por salud poder bajar de peso y sobre todo bajar la panza que es lo que más me traumatiza con mi presentación personal, ya que se esta tan grande que parece que estuviera embarazada y hay muchos alimentos que me caen pesado y hacen que se me crezca aún más.

Respuestas de bajo valor:

La grasa es difícil bajarla de la cintura.

Quemar grasa en mis caderas y piernas ese es mi reto.

Soy muy ansiosa.

MI ESTOMAGO HA CRECIDO, JUNTO CON MI CINTURA.

Tengo metabolismo lento.

No ha sido posible marcar mi cintura y abdomen.

Como puedes ver en las respuestas de bajo valor, es casi imposible conocer a la audiencia objetivo. Sin embargo, con las dos respuestas de alto valor que tienes de ejemplo, es posible ver que podemos sacar conclusiones sobre nuestra audiencia. Claramente nos dicen cuáles son sus deseos, sus temores, su edad y otros rasgos importantes para poder conocerlas mucho mejor.

Ahora…

La gran mayoría probablemente no hará esto, pero si quieres **segmentar** a tu audiencia, veamos cómo se puede hacer. Una vez que hayas separado las respuestas de alto valor de las de bajo valor, es hora de segmentar a tu audiencia, si es que tu nicho es uno masivo. Esto es algo que hacen empresas como Coca-Cola que le venden a las masas y necesitan hacer una segmentación de su mercado. Lo ideal sería que no haya más de tres grupos (máximo cuatro), ya que deberás hacer marketing para cada grupo y, si tienes muchos, se requerirá una gran cantidad de trabajo y especialmente tiempo (que quizás no tienes). Al lado de cada respuesta en tu planilla de Excel, anota como máximo tres características importantes de la persona que respondió la encuesta. Deberás hacer eso con cada respuesta. Una vez que termines, anotarás las características que se repiten y así encontrarás los principales grupos en los cuales vas a segmentar a tu audiencia. Debes intentar crear los grupos de tal forma que **el 80% de todas las respuestas de alto valor entren en alguno de los grupos creados**. El 20% restante que no entra en ningún grupo lo puedes descartar.

A continuación, voy a darte un ejemplo de los grupos que he encontrado en una investigación que he hecho en el nicho de las mujeres que tienen dificultades para quedar embarazada.

Los grupos son:

- Mujeres que tienen problemas con su período.

- Mujeres que han sufrido aborto espontáneo en el pasado.

- Mujeres con afecciones en el aparato reproductor.

- Mujeres que han abusado de métodos anticonceptivos en el pasado.

- Mujeres que tienen problemas hormonales.

- Mujeres a las cuales se les ha practicado ligadura de trompas (descartado).

El último grupo fue descartado ya que, a pesar de que había un porcentaje considerable de mujeres con esas características, era imposible ayudarlas. Aclaración: si bien dije que no elijas más de tres grupos, aquí he elegido cinco para trabajar, y la razón es porque no se hacía email marketing para este nicho y solo se vendía a tráfico frío proveniente de Google (SEO), ya que al no hacer email marketing se requería de menos trabajo y tiempo.

Una vez que tengas los grupos separados y las respuestas para cada grupo, deberás crear un avatar para entender a tu cliente ideal y saber cómo dirigirte a él o ella. El avatar que deberás crear debes hacerlo para cada grupo si vas a segmentar a tu audiencia (puede resultar un poco pesado hacer este tipo de trabajo, pero créeme que te ayudará a aumentar las conversiones si lo haces. De todos modos, si cada grupo es muy parecido, no necesitarás trabajar mucho. Lo único que tendrás que hacer es copiar y pegar).

Mi consejo sobre la segmentación si vas a trabajar en un nicho masivo:

Intenta hacer todo lo posible por elegir un grupo (dentro de ese nicho) al cual quieras servir y que pueda ser alcanzado con el tráfico. Si vas a hacer publicidad, será fácil. Pero si todo tu negocio depende del tráfico gratuito, será casi imposible atraer solo a ese grupo que quieres servir. Si vas a trabajar en un nicho masivo donde el tráfico es gratuito (donde no puedes controlar el tipo de personas que llegan a tu web) y no quieres marearte con la segmentación, simplemente elige un grupo al cual quieres servir y háblale solo a ese grupo y olvídate o ignora a todos los demás.

Arma #2: El mapa para crear al hombre de nieve

"Acércate más que nunca a tus clientes. Tan cerca, de hecho, que puedas decirles qué necesitan antes de que lo sepan por sí mismos".

— Steve Jobs

Una vez que hiciste la investigación o la encuesta (o las dos juntas), es tiempo de construir el hombre de nieve con las diferentes partes que tienes de tu audiencia. Nunca hice un hombre de nieve como en las películas, pero un hombre de nieve se lo construye con diferentes partes, ya sea una zanahoria, algunas ramas de árbol, un sombrero, etc, etc, etc. Así es como crearás tu hombre de nieve, o llamado de otra manera, a tu avatar.

Con "avatar" no me refiero a la película de James Cameron. La creación de un avatar es muy usada entre los marketers. De hecho, fue popularizado por el marketer americano Eben Pagan en la década del 2000. Básicamente, un avatar es tu cliente ideal, es decir, una persona con todas las características que hallaste en la investigación que realizaste, o en la encuesta.

Pero...

Para crear tu avatar, primero recomiendo que crees un mapa de empatía. Un mapa de empatía es una herramienta que te ayudará a ver a tu cliente ideal desde su propio punto de vista. Básicamente te permitirá ponerte en sus zapatos para entenderlo casi a la perfección. Y para hacerlo necesitarás la investigación o encuesta que realizaste. Un mapa de empatía te permitirá saber lo siguiente acerca de tu audiencia: qué ve, qué piensa, qué siente, qué escucha, qué dice, qué hace, qué quiere obtener, y cuáles son sus frustraciones

Para hacer un mapa de empatía, puedes tomar una hoja de papel y con una lapicera separar la hoja como se ve en la siguiente imagen:

La clave del mapa de empatía es describir a tu avatar sin hacer conjeturas. Es decir, todo lo que anotes deberá ser extraído de la encuesta o investigación que has realizado. Jamás intentes adivinar alguno de los cuadrantes del mapa. Anota todo lo que encuentres. Si no hay lugar para seguir anotando, entonces haz otro mapa. Pero nunca omitas ningún rasgo, ya que cualquier característica te ayudará a entender mejor a tu audiencia.

Ahora…

Para ayudarte a llenar los cuadrantes del mapa, puedes hacerte las siguientes preguntas acerca de tu cliente ideal (no es necesario responderlas a todas, pero si tienes la información, obviamente ponla en el mapa).

Qué ve:

- Describe el entorno en el cual suele moverse tu cliente ideal. ¿Qué apariencia tiene ese entorno?

- ¿Qué personas suelen estar alrededor de tu cliente ideal?

- ¿Cómo son las personas que están a su alrededor?

- ¿Qué clase de productos u ofertas de tu nicho lo bombardean día a día?

Qué piensa y siente:

- ¿Cuáles son sus preocupaciones?

- ¿Qué lo motiva?

- ¿Cuáles son sus sueños?

- ¿Qué es importante para tu cliente ideal que podría no decirlo en público?

Qué escucha:

- Describe cómo el entorno influye en tu cliente ideal, ya sea personas, medios de comunicación u otras fuentes.

- ¿A qué personas sigue o a quién considera como un modelo a seguir? Aquí puedes averiguar si sigue a algún influencer.

- ¿Cuáles son las marcas que consume? Y si es posible, ¿por qué?

- ¿Qué clase de medios de comunicación consume?

Qué dice y hace:

- ¿Qué clase de actitud tiene ante la vida? ¿Cómo actúa?

- ¿Sobre qué le gusta hablar o sobre qué acostumbra hablar?

- ¿Qué cosas podría estar diciéndole a otras personas?

- ¿Qué hobbies tiene?

Qué quiere obtener:

- ¿Qué es lo que realmente quiere o necesita obtener? ¿A dónde quiere llegar?

- ¿Qué es el éxito para él o ella? ¿Cómo lo mide?

- ¿Qué estrategias usaría tu cliente ideal para alcanzar sus objetivos?

- ¿Qué es lo que acabaría con sus problemas?

Cuáles son sus frustraciones:

- Corresponde a los obstáculos que debe superar para lograr su objetivo. ¿Qué obstáculos hay entre tu cliente ideal y lo que quiere obtener?

- ¿Cuáles son sus peores frustraciones?

- ¿De qué tiene miedo? ¿O qué riesgos teme tomar para alcanzar su objetivo?

Recuerda de escribir cualquier información que encuentres. La palabra "demasiado" no existe aquí. Si tienes mucha información, no importa, sigue escribiendo, aunque no tengas más lugar para escribir. Y sigue analizando las respuestas de la encuesta para ver si puedes seguir añadiendo más información. No es absolutamente necesario que te quedes solamente con las preguntas que escribí para cada cuadrante. Puedes inventar tus propias preguntas, siempre y cuando te ayude a añadir más información sobre tu cliente ideal.

A continuación, puedes encontrar el mapa de empatía de una encuesta que he realizado hace unos años para los soldados de Estados Unidos que tienen sobrepeso. Estas personas desean ponerse en forma lo antes posible y tener un cuerpo marcado con músculos. Como dato adicional, estos soldados viven en bases militares dentro de los Estados Unidos y no están en combate. Y tienen soldados bajo su mando.

Qué ve:

- Su principal entorno es la base militar en la cual se encuentra.

- Está constantemente en contacto con otros soldados de su base militar y con su esposa e hijos.

- Estar en contacto con otros soldados que están en forma lo "obliga" a ponerse en forma a él también.

- Suele mirar revistas de fisicoculturismo o sitios web del tema y por lo tanto está expuesto a los productos que allí se promocionan, como proteínas en polvo o creatina. Este tipo de publicidades le dan a entender que los hombres musculosos están consumiendo esos productos y que por esa razón ellos tienen ese físico.

La Venta Invisible #38

- Va al gimnasio por la noche con sus amigos.

Qué piensa y siente:

- Cree que sería más justo si el ejército tomara en cuenta la genética de la persona.

- Quiere seguir sirviendo a su país. Por esa razón necesita cambiar.

- No le gusta cómo le queda la ropa.

- Está harto de luchar contra el estándar de grasa corporal del ejército.

- Se mira en el espejo y no le gusta lo que ve, siente vergüenza estar fuera de forma y con uniforme. Eso lo deprime.

- Harto de ser lento debido a su cuerpo.

- Piensa que ser gordo no le ayuda a correr o a hacer cardio.

- Es importante para él que sus hijos no lo vean crecer gordo.

- Quiere estar presente para sus hijos cuando sean mayores (por eso quiere estar más saludable físicamente).

JuanSchukin.com

- Se siente infeliz con su cuerpo.

- Piensa que es difícil mantenerse en forma.

- Piensa que aquellos soldados que tienen un mejor cuerpo son más felices y son promovidos más rápidamente. Piensa que es importante un buen físico para avanzar en su carrera.

- Piensa que mejorar su físico significa un cambio positivo en su vida y le ayudará a tener más confianza en sí mismo.

- Piensa que si estuviese en combate no se desempeñaría bien.

Qué escucha:

- Siente admiración por aquellas personas que entrenan duro y le gustaría ser como ellos.

- Le fascina los torneos con gran dificultad al estilo Spartan Race. A él también le gustaría competir allí donde se requiere un gran estado físico para llegar hasta el final.

- Suele consumir proteína en polvo porque cree que le ayudará a desarrollar músculo.

- Suele recibir consejos para ponerse en forma de parte de sus amigos con más experiencia. Consejos como la dieta y el entrenamiento.

- Ha probado varios métodos de revistas u otros sitios para bajar de peso, pero ninguno le funcionó.

Qué dice y hace:

- Hace solo tres comidas principales al día ya que eso es lo que sirven en su base militar.

- Para ponerse en forma, empezó a reducir las grasas y las calorías.

- Suele pasar tiempo con sus hijos cada día.

- Cuando cocina, evita freír la comida.

- Está haciendo más cardio para quemar grasa.

- En su tiempo libre suele pescar.

- Es disciplinado con su programa de bajar de peso, pero no ve resultados.

Qué quiere obtener:

- Su deseo es tener un cuerpo musculoso, definido, sano, mantener ese físico y estar orgulloso de su propio cuerpo. Le gustaría poder sacarse su remera y verse bien sin ella.

- Quiere desempeñarse mucho mejor cuando esté en zona de combate.

- Quiere ser una inspiración para sus hijos.

- Quiere verse bien para su esposa.

- Le gustaría demostrar a los soldados más jóvenes — y que recién comienzan — que puede estar en buena forma a su edad.

- Quiere adelgazar para poder divertirse con sus hijos pequeños y llevarlos a la playa o a la piscina y no tener vergüenza de sacarse la remera.

- Quiere llegar más lejos dentro del ejército. Avanzar en su carrera.

- Quiere mantenerse dentro de los rangos normales de peso y grasa corporal.

- Quiere gozar de una mejor salud para poder cuidar a su familia y no sufrir enfermedades, como diabetes o ataques cardíacos.

- Quiere poder proteger en combate a aquellos soldados que tiene bajo su mando.

- Quiere ser un ejemplo para los soldados que tiene bajo su mando.

Cuáles son sus frustraciones:

- A veces resulta difícil comer sano debido al trabajo. O debido a que no tiene mucho tiempo libre para prepararse su comida y suele comer comida envasada o hamburguesa que compra mientras está fuera de su casa.

- Tiene miedo de no aprobar el test de aptitud física del ejército, que se realiza a todos los soldados cada año.

- Le resulta difícil mantenerse en un plan de entrenamiento.

- Tiene miedo de perder su empleo en el ejército si no logra estar en forma.

- En combate, teme ser el culpable de la muerte de sus compañeros si no logra cambiar su cuerpo.

- Tiene vergüenza de sacarse la remera.

- Lo más difícil para empezar su transformación es mantenerse motivado.

- Le resulta difícil motivar a otros soldados a hacer entrenamientos físicos cuando él mismo no está en forma.

- Teme en el futuro padecer diabetes o enfermedades relacionadas con el corazón.

Como puedes ver, en los dos cuadrantes "Qué ve" y "Qué escucha" tengo solo cinco puntos, cuando en otros tengo quince. Pero preferí dejarlo así antes que intentar adivinar. Si no tienes más datos para añadir, como ya dije, jamás intentes adivinar, porque perjudicarás al marketing que harás en el futuro.

Entonces…

Ya tienes tu mapa de empatía. Ahora ya puedes ponerte en los zapatos de tu cliente ideal y ver todo desde su punto de vista. Llegó la hora de crear tu avatar. Para crearlo, yo aconsejo que lo hagas en forma de historia. La principal razón por la cual recomiendo una historia es porque es más fácil de recordar que tener datos sueltos. Es más fácil de visualizar a tu cliente ideal y así será más fácil para ti escribirle a tu audiencia. La historia puede ser escrita de forma sencilla. No necesitas preocuparte por escribir una buena historia. Simplemente añade los elementos que encontraste y explica que tu avatar tiene este problema, que quiere lograr este objetivo, etc, etc, etc.

Veamos cómo creé un avatar para los datos del mapa de empatía en el nicho enfocado a los soldados de Estados Unidos:

Kevin tiene 36 años y es sargento en el ejército de los Estados Unidos. Está casado con Helen y tiene dos hijos pequeños: una hija de 6 meses (Karen) y un hijo de 2 años (Will).

En los últimos meses ha subido bastante de peso para su gusto. Todo empezó cuando su esposa quedó embarazada por segunda vez. Él terminó ganando algunas libras de más debido al estrés de las facturas a pagar y por los niños. Luego sufrió una lesión en el tobillo que lo obligó a no poder correr ni realizar ningún otro ejercicio físico por unos 6 meses. Durante ese tiempo engordó aún más. Sobre todo en la barriga. Un día, después de volver al ejército luego de reponerse de su lesión, se miró al espejo y se dio cuenta que, si no cambiaba su cuerpo, lo iban a echar a patadas del ejército, su salud se iría deteriorando cada vez más y más, y no sería capaz de jugar con sus hijos de la forma en que un padre debería.

Kevin está actualmente con 33 libras de sobrepeso. Y debe bajarlos como sea lo antes posible. No solo porque puede perder su trabajo y no tener los medios necesarios para alimentar a su familia. Sino porque tiene soldados bajo su mando y debe ser un ejemplo para ellos. Es difícil tratar de motivar a sus soldados para hacer entrenamiento físico cuando él mismo está fuera de forma. ¿Cómo podría ser un ejemplo para sus soldados cuando él mismo se queda rápidamente sin aliento cuando corre?

Además, quiere ayudar a sus soldados con sus pruebas de aptitud física y darles consejos que los ayuden a conseguir sus objetivos. Pero antes de poder hacer todo eso, necesita transformar su cuerpo y convertirse en un ejemplo a seguir. Harto de la situación en la que se encuentra, decidió buscar ayuda. Miró las dietas que aparecen en revistas o sitios web y consultó con amigos. Empezó por comer más sano, como evitar las comidas fritas y las grasas malas.

También empezó a ir al gimnasio y a correr más. Su sueño es quemar esas 33 libras de más y tener un cuerpo musculoso, definido, sano, y mantener ese físico y estar orgulloso de su propio cuerpo. No quiere verse como esos fisicoculturistas enormes que parecen hinchados de tantos músculos que tienen. Solo quiere un poco de músculos y si es posible los abdominales marcados. Con un físico como ese recuperará la confianza que ha perdido en sí mismo. Creyó que con esos cambios en su vida iba a funcionar, pero no salió como él esperaba. Todavía está con muchas libras de más que no logra quemar. Y él sabe dónde está el problema.

Es una persona muy ocupada y por lo tanto le resulta difícil comer de forma saludable. Muchas veces debe conformarse con la comida que encuentra disponible, obligándolo a no poder seguir de forma estricta una dieta. Lamentablemente le resulta difícil mantenerse en un programa de entrenamiento. Solo necesita un plan sólido de entrenamiento y una dieta que funcione, los cuales se ajusten a su propio tiempo y necesidades. De esta forma podría bajar rápidamente esas libras de más y estar dentro del rango normal de peso y grasa corporal.

Con un cuerpo más saludable y definido podría llegar más lejos en el ejército y alcanzar mejores posiciones de liderazgo. Pero el ejército no es lo único que lo motiva a transformar su cuerpo, sino que quiere estar saludable para sus hijos. No quiere que sus hijos piensen que está bien estar fuera de forma. Quiere ser parte de sus vidas tanto como sea posible para mostrarles que vivir una vida más saludable es la mejor manera de vivir.

Y tampoco se olvida de su esposa. Quiere verse bien para ella y ayudarla también a estar más saludable. Así podrá cuidar de su familia por un largo tiempo y no estar expuesto a enfermedades como diabetes o problemas del corazón.

Pero esto no solo es por el ejército o por su familia. No. Esto también es por él. No se siente bien consigo mismo. Se siente infeliz con su cuerpo, hasta tal punto que le da vergüenza sacarse la remera.

Le irrita y le deprime estar gordo y con uniforme. Su aspecto físico le importa y sabe que transformar su cuerpo significa un gran cambio positivo en su vida.

Y sabe que de alguna manera lo va a lograr. No se va rendir nunca, porque no es de esas personas que se rinden fácilmente. Si no le funciona lo que está haciendo, buscará otras formas, como un nuevo tipo de entrenamiento. Pero jamás se rendirá.

Como puedes ver, he incluido todos los puntos (o gran parte) del mapa de empatía.

Para concluir, crea primero tu mapa de empatía con todos los datos que obtengas de tu audiencia para ser capaz de ver desde el punto de vista de tu cliente ideal. Y luego crea tu avatar en forma de historia con todos los puntos de ese mapa de empatía para poder visualizar a tu cliente ideal y poder comunicarte mejor con él o ella cuando apliques tu marketing.

Arma #3: El poder Jedi para que supliquen que les vendas

> "No son los androides que buscan".
>
> — Obi-Wan Kenobi
> *Star Wars: Episodio IV - Una nueva esperanza*

Muchos vendedores desde hace mucho tiempo, desde que vieron por primera vez a un Jedi usar sus poderes en una galaxia muy, muy lejana… han querido saber cómo usar ese poder casi divino para convencer a sus potenciales clientes a que compren sus productos. No solo eso, sino que les supliquen que les vendan.

Pero… quizás no hace falta recurrir a un poder divino para hacerlo.

Esta sección es una de las más importantes de este libro. Si no entiendes este capítulo, te aconsejo que lo releas y releas hasta que lo entiendas. De todos modos, voy a intentar explicarlo de la forma más sencilla posible. Este tipo de contenido no se enseña mucho en los libros de marketing o ventas. Sin embargo, no voy a mentirte y decir que yo inventé este método de influencia. Porque no lo hice. Sinceramente no sé si podría decirse que alguien lo inventó. Uno de los primeros en utilizarlo en una carta de ventas fue el legendario copywriter Eugene Schwartz, aunque nunca explicó exactamente cómo ponerlo en práctica de la manera que voy a explicar aquí.

Pero…

Fue otro marketer, muchos años después, quien perfeccionó un poco más este método. En el año 2006, Rich Schefren — conocido hoy en día como el gurú de los gurús — se encontraba en un punto crítico de su carrera. Su negocio en internet estaba al borde del abismo y el peso del fracaso se hacía más insoportable con cada amanecer. Una tarde lluviosa se refugió en una antigua librería, buscando protección, pero también un respiro de sus problemas. Mientras deambulaba entre los polvorientos estantes, sus dedos se detuvieron sobre un libro famoso sobre el déficit de atención (ADHD). Al abrir sus páginas y leer los síntomas, un escalofrío recorrió su columna vertebral al darse cuenta que él mismo sufría de ADHD. Lo que este marketer no sabía en ese momento era que esta revelación desataría una serie de eventos que lo llevarían a descubrir una estrategia poderosa de persuasión e influencia capaz de…

Poner a las Personas en un Estado Mental y Emocional de Querer Comprar tu Oferta… y Sin Siquiera Habérselas Presentado!

Por lo tanto…

Después de descubrir que sufría ADHD, comprendió por qué su esfuerzo nunca se traducía en resultados tangibles. Su déficit de atención lo condenaba a saltar de táctica en táctica: SEO, videos, artículos, anuncios… una danza caótica sin dirección… en vez de enfocarse en una estrategia determinada y trabajar en ella a largo plazo. Por lo tanto, comenzó a trabajar de esta nueva forma. Y pronto, su negocio comenzó a prosperar. Y documentó su proceso en un reporte en PDF para venderlo, confiado en que podría ayudar a otros como él.

JuanSchukin.com

Pero había un problema...

El mercado, aferrado a viejas creencias, no estaba preparado para aceptar la información del reporte... básicamente porque todos pensaban que la vieja forma de trabajar era la correcta. Y no iban a comprar el PDF. Sin embargo, tuvo una epifanía. Debía convencer a su público de que estaban equivocados antes de venderles su nuevo método.

Así, pasó noches en vela, creando...

Un Sistema para Cambiar las Creencias Profundamente Arraigadas de su Público!

Finalmente, lanzó su reporte al mercado. Y lo que sucedió fue que las personas lo compraron casi de forma irracional sin dudarlo... porque ya había "preparado" a su público para que esté mentalmente dispuesto a comprar. Esta forma de cambiar las creencias de la gente funcionó tan bien... que le generó entre 20 y 30 millones de dólares vendiendo un solo PDF de 29 páginas!

Y acabo de contarte esta pequeña historia para que veas el potencial que tiene este método para vender tus productos. Solo te voy a pedir que uses este "poder" para vender productos de calidad y no para engañar a las personas. No vayas por el lado oscuro para terminar convirtiéndote en un Sith.

Ahora...

JuanSchukin.com

Verás que este método es tan poderoso que el producto prácticamente se venderá por sí solo. Si te preguntas dónde es posible utilizarlo, pues… en cualquier pieza de marketing. Lo puedes usar tanto en una carta de ventas como en un video o incluso a lo largo de varios emails (es un poco largo para usarlo en uno solo).

Pero…

Antes de explicarte qué es este método que estás a punto de descubrir y cómo lo puedes aplicar… quiero hacerte una pequeña introducción. Y es que **todas las personas vemos la realidad de manera diferente a como la ven otras personas.** Creemos que nuestra realidad es la forma en que el mundo funciona. Creemos que es la verdad. Y que la realidad de otros, si no concuerda con la nuestra, está equivocada. Esa realidad en la que creemos fue formada en base a nuestras experiencias y observaciones del mundo que nos rodea. En base a esas experiencias y observaciones, asumimos ciertas cosas. Y luego formamos nuestras propias conclusiones, dando lugar a nuestro sistema de creencias, es decir, todo lo que creemos que sabemos. Y esa es nuestra realidad. Así, toda nuestra vida va a girar en torno a ese sistema de creencias que tenemos. Lo que pensemos y lo que hagamos va a estar influenciado por ese sistema. Y las personas con las cuales nos relacionemos tendrán, la mayoría de las veces, el mismo sistema de creencias que nosotros, o uno parecido. Muy pocas veces tenderemos a cuestionar esas creencias, ya que como mencioné, nosotros creemos que es la realidad. Entonces, como nunca las cuestionaremos, no estaremos dispuestos a escuchar lo que personas con otro sistema de creencias tienen para decir. Lo cual puede, en algunos casos, llevar a algún tipo de conflicto o rechazar sus ideas.

Por ejemplo…

La Venta Invisible #51

Una persona que es socialista tendrá un sistema de creencias diferente a una persona capitalista. El sistema de creencias de un socialista tiene alguno de los siguientes puntos (incorrectos, por cierto):

- Cree que el Estado debería controlar más la economía.

- Está de acuerdo en estatizar las empresas.

- Cree que los empresarios explotan a los trabajadores y se aprovechan del pueblo para ganar millones mientras la gente se empobrece.

- Está de acuerdo con la redistribución del ingreso (quitarle al que tiene más para darle a otros que tienen menos).

- Cree en el control de precios por parte del Estado.

En cambio, el sistema de creencias de un capitalista (alguien más inteligente) es el siguiente:

- Cree en el libre mercado y que el Estado debe hacerse a un lado.

- Está de acuerdo en la privatización de las empresas.

- Cree que los empresarios son benefactores sociales, ya que mejoran la calidad de vida de las personas al proveer un producto o servicio a una mejor calidad y a un mejor precio.

- Cree que si una persona gana más dinero que otro es porque se lo ganó con su esfuerzo y trabajando duro.

- Está de acuerdo en que los precios no deben ser controlados por el Estado, porque el propio mercado ajustará por sí solo.

Como puedes ver, ambas creencias son diametralmente opuestas. Uno quiere más Estado, lo cual genera más corrupción y pobreza para la gente que vive en ese país. El otro quiere menos Estado, lo que equivale a más riqueza para la gente y prosperidad. Por lo tanto, cualquier idea que cualquiera de los dos quiera transmitirle al otro, será inmediatamente rechazada. Eso es lo que sucede cuando quieres vender un producto o servicio y las personas no compran o no tienes la suficiente cantidad de ventas. Lo que sucede es que les estás hablando con un sistema de creencias diferente al que tu audiencia tiene. Si quieres vender tus productos o servicios, deberás "implantar" tu sistema de creencias en ellos, idealmente antes de venderles o antes de presentarles tu producto o servicio.

De esta forma…

Las personas estarán listas para aceptar tu producto o servicio cuando se los presentes. Por supuesto, para hacer esto último, tu sistema de creencias debería poder probar que es la verdadera realidad. Para que esto último funcione, no aconsejo que lo hagas en temas muy polémicos como el ejemplo que acabo de dar sobre capitalistas y socialistas. Un capitalista jamás aceptará las ideas de un socialista. Y un socialista puede que jamás acepte las ideas de un capitalista, a menos que la persona sea de mente abierta y realmente medite sobre el asunto, como sucedió con el famoso economista austríaco Friedrich August von Hayek — ganador de premio Nobel de economía — quien en su juventud fue partidario del socialismo, pero pronto cayó en la cuenta de que la utopía socialista era irrealizable y que no tenía sentido.

Ok...

Ahora que ya entendimos cómo funcionan los sistemas de creencias en las personas, veamos cómo debemos hacer para implantar tu sistema de creencias en tu audiencia.

Pero primero, un ejemplo...

Supongamos que quieres vender un curso de bajar de peso. Tu curso es diferente y no está enfocado en hacer dieta para poder adelgazar, sino que se enfoca en mejorar la nutrición para que la pérdida de peso se mantenga a largo plazo, a diferencia de las dietas que (muchas veces) fallan porque la persona suele ganar el peso perdido. Aquí con "dieta" me refiero al proceso en el cual se deben comer menos alimentos y a veces pasar hambre para poder adelgazar. Está demostrado que las dietas restrictivas no funcionan, debido al conocido efecto rebote. Entonces, teniendo en cuenta todos esos datos, podemos decir que tu futuro cliente, antes de presentarle lo que vendes, debería creer lo siguiente para que pueda aceptar tu producto:

- Las dietas no funcionan. En vez de seguir una dieta, es necesario seguir un plan nutricional (cambiar mis alimentos por otros de mejor calidad).

- Es necesario lograr un déficit calórico en el cuerpo para adelgazar, pero sin pasar hambre (como suele suceder en las dietas).

- Un plan nutricional bajo en carbohidratos ha sido demostrado que funciona para adelgazar y sirve para lograr un déficit calórico sin pasar hambre.

- Seguir un plan bajo en carbohidratos es fácil de aplicar.

- Seguir un plan bajo en carbohidratos (cuando es bien aplicado) no es malo para mi salud.

- No necesito matarme en el gimnasio para lograr un déficit calórico (aunque sí hay que hacer algo de ejercicio).

- Puedo ser una persona ocupada y aun así lograr bajar de peso (muchas personas piensan que necesitarán mucho tiempo libre para adelgazar).

Estas afirmaciones que he escrito van a variar dependiendo del contenido de tu producto. Recuerda que es solo un ejemplo. Si el producto no está centrado en disminuir los carbos, claramente la afirmación número tres no te servirá en absoluto.

Entonces…

Esas fueron algunas de las afirmaciones que las personas deberán creer antes de que intentes venderles tu producto. Más adelante veremos por qué por ahora prefiero llamarlas afirmaciones y no creencias. Ahora, estas afirmaciones van a variar según el tipo de producto de bajar de peso. Supongamos que en realidad quieres ofrecer un coaching para ayudar a las personas a adelgazar en vez de un curso. Entonces probablemente tu cliente ideal, antes de presentarle tus servicios para que los adquiera, deberá creer, entre otras cosas, que tú eres la persona indicada que podrá armarle un plan para bajar de peso según su cuerpo.

Entonces…

Hasta ahora hemos presentado las afirmaciones que tu cliente ideal debe creer antes de presentarle el producto. Veamos ahora cómo convertir las afirmaciones anteriores en creencias. Y es que… todavía no podemos decir que esas afirmaciones se convierten en creencias por tan solo decirlas. Cualquier persona puede afirmar los siete puntos mencionados en el ejemplo de bajar de peso del apartado anterior. Que los menciones tú, no significa que las personas vayan a creerlo. Como ya dije, cualquier persona puede afirmar eso. Entonces, ¿cómo puedes hacer que las personas crean lo que afirmas? Es muy simple: deberás probar cada afirmación. **Cada vez que afirmes algo, lo deberás probar.** Y la principal razón es porque las personas siempre dudarán de lo que dices (asumiendo que no tienes autoridad frente a ellos). Por lo tanto, una vez que hayas probado una afirmación, se convierte en una creencia:

AFIRMACIÓN + PRUEBA = CREENCIA

Ahora, existen 3 tipos de pruebas:

- Lógicas

- Con historias

- Demostrativas

Las **pruebas lógicas** son aquellas donde las pruebas de tus afirmaciones se realizan, entre otras, con estudios realizados por profesionales, estadísticas o figuras. Si vas a probar tus afirmaciones con estudios o estadísticas, deberían estar al alcance de cualquier persona. Siempre que conozcas la fuente de tus estudios o estadísticas, deberías darlas a conocer, ya que hay personas que querrán buscar por sí mismas la fuente para poder creerte (hay personas que son muy desconfiadas). Veamos como ejemplo cómo probar la afirmación número 1 del ejemplo de bajar de peso que presenté en los párrafos anteriores con una prueba lógica. La afirmación era:

Las dietas no funcionan. En vez de seguir una dieta, es necesario seguir un plan nutricional.

Si quisiera probar que las dietas no funcionan para adelgazar, puedo explicar que es debido a cómo estamos programados genéticamente. Es decir, comenzaría explicando que hacer dieta implica comer menos. Y podría explicar que, en la prehistoria, el ser humano no tenía un supermercado en la esquina de su casa. En esa época, había que cazar, o sino, comían la poca comida que podían recolectar, como alguna fruta de un árbol o verduras, ya que no existía la agricultura en ese momento. Por lo tanto, muchas veces no tenían qué comer y pasaban hambre por un largo período de tiempo. Entonces el cuerpo detectaba eso y comenzaba a almacenar grasa para lograr sobrevivir. Hoy en día, nuestro cuerpo sigue funcionando exactamente de la misma manera. No hemos cambiado en absoluto. Por lo tanto, cuando empezamos a hacer dieta, disminuimos bastante las calorías (pasando hambre a veces) y entonces el cuerpo cree que estamos en un período de hambruna. El cuerpo no sabe que lo estamos haciendo a propósito para poder adelgazar. Y entonces se activa el almacenamiento de grasa, impidiendo que bajemos de peso. En los primeros días puede que se baje de peso, pero después esa pérdida de grasa se ralentizará hasta detenerse por completo. Y así como probé la primera afirmación, deberé hacer lo mismo para todas las demás. Pero no lo voy a hacer para este libro, ya que asumo que se entendió la idea que intentaba transmitir.

También están las **pruebas con historias**.

Aquí, como su nombre lo indica, se trata de contar historias. Básicamente puedes contar la historia de alguna persona en el pasado que esté relacionada con esa afirmación que quieres probar. Puedes incluir a personas que ya han probado tu producto. O puede ser la historia de alguien famoso que esté relacionado con el nicho que estás trabajando. Por ejemplo, si existiera una entrevista a una actriz famosa donde afirma que su entrenador le aconsejó comer menos carbohidratos para adelgazar, podrías incluirla para probar la afirmación número 3 del ejemplo anterior. De todos modos, más adelante, vamos a ver con más profundidad el uso de las historias en el marketing, también llamado storytelling.

Por último, están las **pruebas demostrativas**.

Este tipo de pruebas consisten en demostrar a tu futuro cliente — y que vea con sus propios ojos — que el producto funciona perfectamente. En el caso de productos físicos, no es difícil llevarlo a cabo. Por ejemplo, en el caso de ordenadores portátiles, lo único que deberías hacer es dejar a tu futuro cliente que use el ordenador. En productos digitales como software, también es sencillo. Solo creas un demo del producto, como lo hacen la mayoría de las empresas. El demo puede estar programado para utilizarse por 7 días o puede usarse solo con algunas funciones habilitadas. En el caso de productos de información — como el curso de bajar de peso que estoy usando de ejemplo — se vuelve un poco más difícil. Aunque no es imposible. Aquí obviamente no podrás "prestarle" tu curso y que luego te lo devuelva como en los casos anteriores que mencioné. Pero es posible resolver este problema brindando una pequeña información que la pueda poner en práctica enseguida y que vea que funciona. Así, tu cliente ideal se dará cuenta que la información que tienes para él o ella es útil y funciona.

Ahora...

Siguiendo con el ejemplo de bajar de peso, puedes decirle a tu futuro cliente que elimine de su dieta todo alimento que esté elaborado con harina de trigo (altos carbohidratos) y que lo reemplace por proteínas. Podríamos decirle que lo haga por una semana. Y que mire cuánto pesa antes de cambiar su dieta y luego una semana después. Lo más probable es que vea algún resultado, si es que tu audiencia come mucha harina. En caso contrario, quizás no vea resultados. Por esa razón es bueno conocer antes a tu audiencia. La desventaja de las demostraciones con productos de información es que, dependiendo del nicho, a veces debes esperar mucho tiempo para que tu audiencia ponga en práctica tu consejo y vea el resultado esperado. **Si no haces un seguimiento por email, y que es algo que recomiendo al 100%**, yo recomiendo que para los productos de información uses los dos primeros tipos de pruebas: lógicas e historias. En el caso de productos físicos, hay varios ejemplos que se hicieron muy famosos, como el caso de la empresa Blendtec. Esta empresa vende licuadoras. Y se hizo muy famosa gracias a su gran creatividad para la publicidad. La empresa Blendtec comenzó a hacer videos en YouTube cuando esta plataforma estaba recién en sus comienzos. Sus videos todavía pueden ser encontrados en YouTube en su canal llamado "Blendtec's Will It Blend?" Básicamente, lo que hacen es mostrar cómo la licuadora es capaz de mezclar y romper materiales impensados por las personas, como canicas o bolas de golf. No solo generan viralidad con ese tipo de videos, sino que además demuestran que sus licuadoras van a poder mezclar cualquier alimento que introduzcas en ellas. Otro tipo de demostración es el que hizo la empresa American Tourister (adquirida por Samsonite en 1993). Esta empresa fabrica maletas. Y para demostrar qué tan resistentes son, en los años 70 hicieron un comercial donde introducían una de sus maletas en una jaula donde había un chimpancé. El chimpancé golpea la maleta constantemente contra el piso y las paredes, pero la maleta sigue intacta. Si quieres ver el comercial, lo puedes buscar en YouTube.

Muy bien…

Llegados hasta este punto, quizás te estés preguntando cómo definir exactamente qué necesitan creer las personas que pertenecen a tu audiencia para que puedan aceptar que realmente necesitan tu producto o servicio. Para hacerlo, primero debes hacer el mapa de empatía que expliqué antes. Si deseas implantar tus creencias en tu audiencia, necesitas conocerlos (casi) a la perfección. Si no sabes en qué creen actualmente, ¿cómo podrás implantarles tus propias creencias? ¿Cómo podrás saber qué necesitan creer si todavía no los conoces? Por lo tanto, antes de poner en práctica esta parte del libro, averigua todo lo que puedas sobre tu audiencia.

Ahora…

La mejor forma de definir las creencias que debes implantar es empezando de atrás hacia adelante. ¿A qué me refiero con esto? Básicamente debes empezar definiendo cuál debe ser la conclusión a la cual deben llegar las personas una vez que se les ha implantado todas las creencias. Para saberlo, debes responder la siguiente pregunta:

¿QUÉ NECESITAN CREER LAS PERSONAS Y EN QUÉ DEBEN ESTAR DE ACUERDO PARA ACEPTAR QUE REALMENTE NECESITAN EL PRODUCTO O SERVICIO QUE ESTÁS OFRECIENDO?

La respuesta a esa pregunta va a depender inevitablemente del producto o servicio que estés ofreciendo. Cuando tengas la respuesta a esa pregunta, tendrás la conclusión a la cual deben llegar las personas, a la cual, por cierto, deben llegar ellas mismas sin que tengas que decirlo explícitamente (siempre que sea posible). Y una vez que tengas la conclusión, solo debes definir cuál es la creencia que precede a esa conclusión. Llamémosla "Última Creencia". Y luego la creencia que precede a esa Última Creencia. Y así sucesivamente hasta que llegas hasta el propio mundo de tu audiencia. Es decir, el mundo con sus propias creencias. Y así obtendrás tu escalera de creencias que deberá ser implantada en tu audiencia. Se le suele llamar "escalera de creencias" porque primero le vas a presentar la creencia #1. Luego la creencia #2. Y así sucesivamente en el orden necesario para que logre "entrar" a tu propio mundo y a tu sistema de creencias. En algunos casos, si presentas primero la creencia #2 y luego la creencia #1, quizás no funcione bien y pierdas a esa persona como futuro cliente. Eso va a depender solo si las creencias necesitan ser presentadas en un cierto orden. Sino, no te vuelvas loco con eso y preséntalo en el orden que más te guste. Por esa razón mencioné que debe haber un orden necesario para presentar tus creencias. Y por esa misma razón prefiero llamar "escalera de creencias". Aunque otros marketers suelen llamarlo "cadena de creencias" o "secuencia de creencias". Si no entiendes cómo funciona, no te preocupes, voy a darte un ejemplo para el nicho de bajar de peso.

Pero antes…

Este ejemplo está basado en datos reales. Datos que fueron proporcionados por personas a través de una encuesta. Y todas las personas son mujeres que quieren tener una cintura más delgada. Éstas son las creencias de una persona perteneciente a mi audiencia objetivo (presta atención que dije que son las creencias de mi audiencia y no aquellas creencias que yo debo implantar):

- Hay que pasar hambre para adelgazar (no come lo suficiente).

- Sabe que está mal comer carbos. Pero no sabe cuáles debe dejar de comer. Solo sigue consejos aislados que encuentra en internet.

- Comer grasas (de cualquier tipo) es malo y contribuye al aumento de peso.

- Los cambios en el cuerpo son muy lentos cuando se quiere bajar de peso.

- Cree que necesita mucho tiempo libre para hacer ejercicio.

La segunda creencia acerca de que los carbos engordan es conveniente para mí porque el producto predica justamente eso. Una vez que conozco cuáles son las creencias de mi audiencia objetivo, puedo comenzar a definir mi escalera de creencias a implantar. Para hacerlo, recuerda que hay que empezar desde atrás para adelante. Es decir, debo preguntarme lo siguiente:

¿QUÉ NECESITAN CREER LAS PERSONAS Y EN QUÉ DEBEN ESTAR DE ACUERDO PARA ACEPTAR QUE REALMENTE NECESITAN EL PRODUCTO O SERVICIO QUE ESTOY OFRECIENDO?

Al responder a esta pregunta, puedo obtener la conclusión a la cual deben llegar las personas una vez que se les ha implantado todas las creencias. Una vez que tenga esa conclusión, puedo descifrar cuáles son las creencias para crear mi escalera de creencias.

Ahora…

Para dar un ejemplo, vamos a suponer que estamos ofreciendo un servicio. El servicio en cuestión que se ofrece en este ejemplo es uno en el cual un médico especializado en nutrición diseña un plan alimenticio en base al cuerpo de la persona. Es decir, según parámetros como la altura, el peso actual o el tipo de metabolismo. En este ejemplo me referiré al experto en nutrición como Mister X. También se les ofrece a las personas una rutina de ejercicios. Estos no son obligatorios realizarlos, ya que el plan alimenticio logra un déficit calórico. Aunque claro está que realizar ejercicios acelerará la quema de grasa. En este ejemplo, la conclusión a la cual deben llegar las personas es:

Un plan diseñado por Mister X podrá ayudarme a bajar de peso y lograr esa figura que tanto deseo.

Ahora que tengo mi conclusión a la cual deben llegar las personas, puedo construir mi escalera de creencias. Desde atrás para adelante, mi escalera quedaría así:

- Mister X es un médico especializado en nutrición y obesidad que tiene experiencia diseñando planes que han resultado exitosos en ayudar a las mujeres a transformar su figura.

- Puedo omitir los ejercicios si no dispongo de mucho tiempo libre, ya que lo importante siempre es estar en un déficit calórico y se puede lograr con un plan alimenticio.

- El plan alimenticio que debo seguir para bajar de peso debe ser uno acorde a mi cuerpo. No puedo buscar planes en internet y aplicarlos ya que son planes estándar que no tienen en cuenta cuál debe ser mi déficit calórico, el cual depende de mi altura, mi peso actual, mi metabolismo, etc. Y además pudieron haber sido escritos por alguien que no tiene experiencia en el tema.

- Se puede lograr un déficit calórico sin pasar hambre si sigo un plan alimenticio correcto que produzca cambios a largo plazo. Este plan alimenticio debe eliminar los "malos carbos", disminuir los "buenos carbos" y contemplar la grasa buena.

- No hay que seguir "dietas" si quiero adelgazar, con "dietas" en el sentido de que hay que comer menos. Está demostrado que las dietas restrictivas no funcionan por el conocido efecto rebote. La clave está en lograr un déficit calórico en mi cuerpo sin pasar hambre.

Estas son las creencias que deberé implantar en mi audiencia, empezando con la quinta, ya que recuerda que las escribí en orden inverso. Si te estás preguntando cuál es la realidad de mi audiencia, aquí debajo la escribo, escrita desde el punto de vista de mi cliente ideal:

> **Quiero bajar la cintura porque evidentemente no tengo una figura con la cual pueda sentirme satisfecha conmigo misma. A pesar de que he buscado información en internet y sigo dietas donde se eliminan los carbos, las grasas y se comen menos cantidades de comida (con lo cual me siento hambrienta), aun así no veo ningún cambio. Y no tengo tiempo de realizar ejercicios. Definitivamente algo estoy haciendo mal y necesito un cambio.**

La primera creencia que voy a implantar es aquella en la cual se explica que no hay que seguir dietas. De esta forma, explicando que las dietas no funcionan, comienzo conectando su mundo con mi mundo. Para que quede 100% claro cuál es mi escalera de creencias, la voy a escribir desde la primera que voy a implantar hasta la última:

- **Creencia #1.** No hay que seguir "dietas" si quiero adelgazar, con "dietas" en el sentido de que hay que comer menos. Está demostrado que las dietas restrictivas no funcionan por el conocido efecto rebote. La clave está en lograr un déficit calórico en mi cuerpo sin pasar hambre.

- **Creencia #2.** Se puede lograr un déficit calórico sin pasar hambre si sigo un plan alimenticio correcto que produzca cambios a largo plazo. Este plan alimenticio debe eliminar los "malos carbos", disminuir los "buenos carbos" y contemplar la grasa buena.

- **Creencia #3.** El plan alimenticio que debo seguir para bajar de peso debe ser uno acorde a mi cuerpo. No puedo buscar planes en internet y aplicarlos ya que son todos planes estándar que no tienen en cuenta cuál debe ser mi déficit calórico, el cual depende de mi altura, mi peso actual, mi metabolismo, etc. Y además pudieron haber sido escritos por alguien que no tiene experiencia en el tema.

- **Creencia #4.** Puedo omitir los ejercicios si no dispongo de mucho tiempo libre, ya que lo importante siempre es estar en un déficit calórico y se puede lograr con un plan alimenticio.

- **Creencia #5.** Mister X es un médico especializado en nutrición y obesidad que tiene experiencia diseñando planes que han resultado exitosos en ayudar a las mujeres a transformar su figura.

Solo cinco creencias debo implantar en la mente de mi audiencia para que "entren" a mi mundo. Es decir, para que su realidad sea ahora igual a mi realidad. Una vez implantada mi escalera de creencias, mi audiencia concluirá que un plan diseñado por Mister X podrá ayudarlas a bajar de peso y lograr la figura que tanto desean. Y una vez que lleguen a esa conclusión, puedo mostrarles mi servicio o producto y no tendré que ejercer presión o mentir como los vendehumos para lograr convencerlas de que mi servicio puede ayudarles a lograr su objetivo. Mi público — una vez que se les presentó todas las creencias — ya estará (casi) convencido de que el producto o servicio es para ellos (y digo "casi" porque este método tampoco es perfecto, pero funciona para convencer a un gran número de personas). Cuando llegaron a la conclusión de que Mister X es la única persona que las puede ayudar, mi audiencia se dirá a sí misma: "Lo entiendo. Dime qué debo hacer para que Mister X me diseñe un plan para bajar de peso". Y existirá una buena probabilidad de que compren, a menos que estén buscando solo una solución gratuita o no tengan la forma de pagar, ya sea por el método de pago o porque les parece muy caro.

Como puedes ver, la escalera de creencias es una estrategia poderosa para vender, ya que prácticamente estás vendiendo tu producto o servicio sin la necesidad de realmente vender. Es decir, tu producto o servicio se vende por sí solo cuando es presentado a las personas (aunque sería bueno que tengas una carta de ventas bien escrita y persuasiva para inundar tu negocio de ventas… y dinero). Y además, **que hagas email marketing para hacerle un seguimiento a las personas**, idealmente cada día. Aunque eso ya lo veremos más adelante.

Si ahora mismo te estás preguntando dónde usar la escalera de creencias, lo ideal sería…

Implantar tus creencias en tus emails que envías a tus suscriptores

Así que, si vas a hacer email marketing (y lo recomiendo), lo puedes hacer en un lanzamiento si es que tu escalera de creencias necesita inevitablemente ser presentada en un orden determinado. Si no necesitas presentarla en un orden determinado, entonces no necesitas hacerlo en un lanzamiento, pero recomiendo que lo hagas en tus emails cada cierto tiempo, y si es posible, siempre desde un punto de vista diferente.

Si quieres saber más sobre email marketing y no estás suscrito a mi lista, te recomiendo chequear mi newsletter gratuito en:

JuanSchukin.com

Arma #4: Truco para iluminar a tu público

"Esta es tu última oportunidad. Después de esto, no hay vuelta atrás. Tomas la píldora azul: la historia termina, despiertas en tu cama y crees lo que quieras creer. Tomas la píldora roja: te quedas en el País de las Maravillas y te mostraré hasta dónde llega la madriguera del conejo".

— Morfeo
The Matrix

Si lees los siguientes fragmentos de cartas de venta que he encontrado en internet, ¿podrías identificar qué tienen en común?

Fragmento 1:

> No eres la única que no consigue seguir una dieta. Según un último estudio, el 81% de los españoles fracasan al hacer una dieta. No es tu culpa, olvídate de sentirte frustrada por no conseguirlo.

Fragmento 2:

> La cuestión es la siguiente. Si has intentado tocar guitarra acústica pero has fallado, o si entiendes algo de teoría y acordes pero todavía estás un poco confundido, tengo buenas noticias para darte: ¡NO es tu culpa! Puedes pasar horas y

horas intentando aprender a tocar la guitarra acústica por el camino más difícil: mirando videos y tablaturas al azar que no te enseñan nada de técnica o cómo obtener un gran sonido. Pero si estás dispuesto a seguir el plan simple que Franco Lunghitano ha preparado para ti en Cuerdabierta Unplugged, todo esto es posible... y mucho más.

Fragmento 3:

¿Y si te dijera que ahora tienes la posibilidad de eliminar la peligrosa grasa visceral acumulada en tu tripa a través de alimentos reales y saludables? Además, sin la molestia de pesar alimentos, ni contar calorías y sin tener que estar limitando las cantidades que te apetece comer. Puede sonar demasiado bonito para ser verdad, pero sabemos que no es tu culpa, solo necesitas la información adecuada y en Dietaryplus estamos dispuestos a ayudarte.

En todos los fragmentos aparece la frase "no es tu culpa". La frase "no es tu culpa" se ha utilizado hasta el hartazgo desde hace mucho tiempo en el marketing. Los marketers cometen el error al pensar que usando esa frase van a convencer a las personas a que compren sus productos. Si has estado utilizando esta táctica, no te preocupes, yo también lo he hecho por algún tiempo. Hasta que me di cuenta que en realidad no sirve para nada. Solo piénsalo por un segundo. Si una persona intenta venderte su producto y te dice "no es tu culpa" y no te explica por qué no es tu culpa, ¿realmente te está convenciendo de comprar su producto? Como puedes ver en los tres ejemplos que cité más arriba, los tres ejemplos solo dicen "no es tu culpa". Pero no explican por qué.

Recomendación: no sigas haciendo eso.

Es más, aunque tengas una explicación, no sigas utilizando la frase "no es tu culpa", ya que se ha utilizado muchísimo a lo largo de los años para vender y ya no tiene tanta fuerza como antes.

¿Mi recomendación? La que voy a explicar ahora mismo.

Lo que hay que entender es que los problemas que toda persona está experimentando es un conjunto de síntomas originados por las mismas creencias que esta persona tiene.

Veamos cómo sería esto con el ejemplo de bajar de peso.

El hecho de que las mujeres no puedan bajar de peso a pesar de esforzarse y hacer todo lo posible por lograrlo, es solo un síntoma originado por la forma incorrecta en el que están tratando el problema. Según mi ejemplo anterior, las mujeres creen que hacer dieta está bien, entendiendo por dieta como una disminución en la cantidad de comida. Es decir, un método en el cual se pasa hambre. Entonces, el hecho de que las mujeres no puedan adelgazar es un síntoma originado por aplicar ese método: hacer dieta. Al decir eso, se le está haciendo saber a tu público que el problema no es de ellos, sino que el problema es el método que han estado utilizando. Hacer esto produce un gran alivio en ellos, **acercándolos más a ti**, ya que has logrado que se den cuenta que ellos no son el problema, lo cual quiere decir que existe una solución al malestar por el cual están pasando. Los americanos llaman a esto un **"aha moment"**. Voy a copiar y pegar un pequeño extracto de mi libro (high ticket) llamado "Email Marketing Inmersivo":

> Un "aha moment" es ese momento en que te das cuenta de algo importante... algo que no sabías... y que ahora que lo sabes, tu progreso hacia tu objetivo será mucho más fácil y

más rápido. Pero ese nuevo conocimiento también te hace darte cuenta de que estabas siguiendo el camino incorrecto. Provocar "aha moments" puede tener un gran impacto sobre las personas a las cuales te estás dirigiendo. Las personas que realmente se dieron cuenta (gracias a ti) del gran error que estaban cometiendo, te van a agradecer por haberles marcado el camino correcto a seguir. Pero… ¿cómo provocas un "aha moment"? Para provocar un "aha moment" en tu audiencia…

En este proceso en el cual les haces saber cuál es verdaderamente el origen de todos sus males, también tendrás que sacar a la luz todos los dolores que sienten, ya sea sentimental o físico. Esto último es necesario para hacerle saber a tu audiencia que realmente los entiendes y los conoces. Y si sabes cómo explicar sus dolores mejor que ellos mismos, se darán cuenta que sabes muy bien cuál es la solución a sus problemas. Y cuando estés haciendo esto último, también puedes inventar un nombre para el grupo de personas que tienen todas las penas (síntomas) de tu audiencia (aunque no es 100% necesario hacerlo si no quieres). Debería ser un nombre para el cual tu audiencia se sienta identificada y que además lo acepten. Y digo que lo acepten, porque no puedes elegir un nombre que dé a entender que las personas de tu audiencia son unos idiotas o alguna otra característica que pueda ofenderlos. Así que ten mucho cuidado con eso.

Pero…

También deberías inventar un nombre para el grupo que va a representar a aquellos que ya solucionaron sus problemas, es decir, la minoría que está siguiendo los pasos correctos, y que gracias a esos pasos correctos (los cuales tú conoces), realmente están, por ejemplo, bajando de peso sin inconvenientes y sin ningún efecto rebote, caso contrario a como suele suceder en el grupo negativo. Esta minoría representa al grupo positivo y está conformado por pocas personas que tienen el privilegio de conocer el método que sí funciona y que actualmente les está funcionando. Por lo tanto, cuando hables del grupo positivo, éste no debería parecer tan general.

Y cuando des a conocer los grupos y hables sobre ellos, las personas de tu nicho van a empezar a darse cuenta que ellos son el grupo negativo y lograrás que deseen ser del grupo positivo cuando lo des a conocer. Por lo general, el grupo positivo son aquellos que ya se han convertido en tus clientes, y el negativo, obviamente, aquellos que todavía no te han comprado nada.

Un ejemplo, que he visto a un marketer hacer, es llamar a su grupo positivo o clientes "el 1%", aquel grupo de personas que han decidido confiar y convertirse en sus clientes. Por cierto, creo que haber elegido "el 1%" funciona muy bien, ya que está dando a entender que solo una minoría o un grupo selecto de personas ha tenido el privilegio de acceder al conocimiento que este marketer puede aportar. En mi negocio, llamo al grupo positivo "mis superfans", aquellos clientes que compran hasta mis productos más caros. Hacer esto, como puedes ver o notar, sirve también para ejercer un poco de presión sobre aquellas personas que todavía no han comprado, o que no han comprado todos tus productos.

Arma #5: La "gran idea" para vender lo mismo

"Todo lo que se puede inventar, ya se ha inventado".

— Charles H. Duell

Tus páginas de captura, tus cartas de ventas e incluso tus propios productos si te dedicas a vender infoproductos, deberían contener una Gran Idea. La gran idea es lo primero que una persona debería ver. La gran idea captará la atención de tu audiencia y hará que quiera leer todo lo que tienes para ofrecer. La gran idea debe ser **diferente** a todo lo que los demás están diciendo en tu nicho. Debe lograr que tu audiencia desee leer lo que estás presentando. Debe ser **irresistible**. La gran idea es una **nueva forma de decir lo que tu competencia ya está diciendo**. Y debe parecer más interesante. Sólo así tu audiencia pensará que es algo único.

Esto es algo similar a lo que hizo Apple en el lanzamiento de su tablet, el iPad. La primera tablet comercializada fue la GRiDPad, lanzada en 1989 por GRiD Systems. Sin embargo, muchas personas creen que fue Apple quien inventó la tablet, y eso es gracias a que Apple utilizó una gran idea, es decir, una nueva forma de decir lo que tu competencia ya está diciendo. Y vaya que les funcionó a la perfección.

Hoy en día ya lo hemos visto todo. Estamos acostumbrados a ser bombardeados por publicidades en todo momento y en todo lugar.

Sobre todo en internet. Debido a eso, las personas ya no se sorprenden con nada ni les parece interesante nada. Por esa razón la gran idea debe parecer algo **nuevo e interesante**. Puede ser lo mismo que otros ya están diciendo, pero al decirlo de otra forma, parecerá que es algo nuevo. Una gran idea que funciona hará que tu audiencia se detenga por un momento para querer saber más sobre lo que has escrito. Tiene que ser tan interesante, que la persona que lo está leyendo no desee hacer otra cosa que leer lo que tienes. No importa si tu posible cliente está en una cafetería. O en el trabajo. O en su casa atendiendo a sus hijos. Querrá saber qué es eso que tienes y no descansará hasta saberlo. Si una persona lee tu gran idea y no llama su atención y abandona tu sitio web, entonces en realidad no tienes una gran idea.

Veamos los tres puntos que se deben cumplir para que tengas una gran idea:

- Debe ser irresistible (obligar a las personas a que deseen leer tu página de captura, carta de ventas, o lo que sea que hayas escrito)

- Debe ser única (diferente a lo que los demás están diciendo)

- Debe llamar la atención

Esto probablemente ya lo sabes, pero la forma de presentar una gran idea es a través de un título gigante al principio. Si estás familiarizado con cartas de ventas, seguramente sabrás a qué me refiero. El título debe aparecer al principio para lograr captar la atención de las personas.

Para escribir títulos que cumplan con los tres puntos anteriores, es necesario saber algo de copywriting e inevitablemente tener creatividad. Yo no puedo hacer mucho por tu creatividad, pero puedo brindarte cinco formatos que suelen funcionar muy bien. Si estás en algún nicho relacionado con el marketing, quizás algunos de estos formatos no funcionen bien porque las personas ya están un poco acostumbradas a leerlos.

Formato 1: ¿Es esto posible?

Este formato consiste en realizar una pregunta. Retomando el ejemplo anterior sobre bajar de peso, un título con este formato quedaría así:

¿Es posible adelgazar 15 kg de grasa sin hacer dieta, sin pasar hambre y sin ningún efecto rebote… y en solo 30 días?

¿Por qué una pregunta funciona mejor que una afirmación? Yo pudiese haber escrito lo siguiente: "Descubre cómo adelgazar 15 kg de grasa sin hacer dieta, sin pasar hambre y sin ningún efecto rebote… y en solo 30 días!"

Sin embargo, cuando haces una afirmación que puede parecer un poco exagerada para algunos, las personas suelen pensar: "es mentira", "otra estafa más" y cosas por el estilo.

Pero si haces una pregunta como en el ejemplo, las personas inconscientemente querrán responderla. Y por lo tanto se tomarán la molestia de seguir leyendo lo que tienes para ofrecerles.

Formato 2: La pequeña historia

Este formato es muy conocido y se ha usado muchísimas veces por muchos vendedores y empresas. Fue creado por John Caples en el año 1927, cuando lo usó para promocionar un curso de una escuela de música de los Estados Unidos. El título original fue: "Todos rieron cuando me senté al piano. Pero, cuando empecé a tocar..."

Este titular convertiría a John Caples en un experto en publicidad de respuesta directa. Si lo queremos aplicar a nuestro ejemplo de bajar de peso, podríamos escribirlo de la siguiente manera:

Todos se rieron cuando dijo que iba a bajar sus 20 kilos sin hacer dieta. Pero, cuando vieron su cintura 2 meses después...

Sin embargo, te aconsejo que no lo uses en nichos relacionados con el marketing porque ya todo el mundo lo conoce.

Formato 3: Genera curiosidad

Este formato — como su título lo indica — se basa en generar cierta curiosidad en el lector para incitarlo a seguir leyendo. Podríamos aplicarlo de la siguiente forma a nuestro ejemplo de bajar de peso:

9 de cada 10 personas con sobrepeso consumen esto todos los días. Ésta es la principal razón por la cual no puedes adelgazar...

Una persona que quiera adelgazar probablemente querrá saber si está comiendo algunos de esos alimentos que no le permiten bajar de peso. Y leerá lo que tengas para ofrecer.

Formato 4: Desafía al lector

Básicamente lo que quieres hacer aquí es desafiar al lector a que realice la acción que tú quieres que haga.

Ejemplo:

Todo lo que sabes sobre las grasas está mal... Lee esto y cambiarás tu forma de pensar acerca de los llamados alimentos "malos" para adelgazar

Como puedes notar, también se aplica el formato 3 ya que estamos generando curiosidad en el lector. Un título es mucho más efectivo si logras mezclar 2 o más formatos juntos.

Formato 5: La razón #1 por la cual...

Aquí lo que quieres hacer es informarle al lector que existe una razón muy importante por la cual debe o necesita hacer algo.

Ejemplo:

La razón #1 por la cual necesitas repensar por qué la dieta que estás siguiendo jamás te va a funcionar...

Estos fueron algunos formatos que puedes utilizar para crear un buen título y lograr generar una gran idea para que las personas tengan curiosidad de empezar a leer lo que tienes para ofrecerles.

JuanSchukin.com

Arma #6: Así creas autoridad casi instantáneamente

"Si no puedes deshacerte del esqueleto que ocultas en tu armario, enséñale a bailar".

— George Bernard Shaw

Tener autoridad en un nicho determinado ayuda a que las personas estén dispuestas a escuchar lo que tienes para decir. Las personas suelen escuchar — y como consecuencia comprar — a aquellos que tienen cierta autoridad. Por ejemplo, si quieres escribir una novela con el potencial de convertirse en un best seller y necesitas algunos consejos, ¿vas a escuchar a un autor como Stephen King o a un desconocido que nunca ha escrito un best-seller en toda su vida?

Probablemente a Stephen King.

Si eres una persona con autoridad en tu nicho, debes mostrarlo. Si has escrito un libro famoso, menciónalo. O si eres médico y has asesorado a celebridades para que pierdan peso, debes darlo a conocer. Lo más probable es que no seas una persona de autoridad en tu nicho. Por lo tanto, ¿qué se debe hacer en tales casos?

La Venta Invisible #78

Veamos 3 principios psicológicos comprobados para parecer una autoridad en tu nicho... incluso si no tienes títulos o credenciales impresionantes.

Ventajas y desventajas

La respuesta sobre cómo parecer una persona con autoridad la dio Robert Cialdini en su libro "Influence". Uno de los seis principios de influencia que Cialdini menciona en su libro es "Autoridad". Y explica que si no eres una persona de autoridad en tu nicho, lo que debes hacer es mencionar una desventaja de tu producto o servicio, o de ti mismo, e inmediatamente después introduces la parte positiva del mismo. En otras palabras, alardea sobre tus desventajas, debilidades y atributos negativos que tengas en vez de ocultarlos, como intentan hacer muchas empresas y vendedores. Hablar sobre aspectos negativos de tu personalidad o de tu producto funciona porque casi nadie lo hace, y porque inmediatamente serás visto como una persona creíble y en la cual se puede confiar para hacer negocios. Y una persona creíble, en algunas ocasiones, suele ser vista como alguien de autoridad. En cambio, parecer perfecto, como intentan serlo los influencers del humo o vendehumos, muchas veces lleva a la desconfianza y escepticismo.

Entonces...

Vamos a suponer que quieres escribir un email o una carta de ventas. Si desde el principio mencionas las desventajas de tu producto o servicio o lo que quieras ofrecer, estás demostrando que eres de fiar. Un ejemplo en el nicho de bajar de peso sería el siguiente:

> Antes de proceder, me gustaría que quede claro que esto no es una dieta más. Con este sistema no vas a poder adelgazar 5

JuanSchukin.com

kilos por semana y verte como una chica fitness en tres semanas. No es un sistema para bajar de peso rápido.

Ahora, dicho eso, la buena noticia es que si lo pones en práctica al pie de la letra, podrás mantenerte delgada a largo plazo, sin efecto rebote... y lo más importante... sin pasar hambre.

Como ves en el ejemplo, menciono la parte negativa al principio. Y no prometo lo que todo curso de bajar de peso suele prometer: bajar de peso en tiempo récord. Lo que hago es diferenciarme de esos otros sistemas que están en el mercado. Y luego menciono cómo funciona el mío y lo que pueden obtener de él. Lo que hago es transmitir un cierto grado de honestidad y de esta forma inspiro confianza en mi audiencia.

Otro ejemplo, esta vez en el nicho de ganar masa muscular, sería:

Con este sistema no te prometemos que vas a tener el físico de Capitán América. Ni tampoco que vas a ganar 20 kg de músculos en 3 meses.

Pero lo que sí podemos asegurarte es que, si aplicas nuestra guía, de aquí a seis meses podrás vestir una camiseta sin sentir vergüenza de tu propio cuerpo y todos te preguntarán qué has hecho con él los últimos seis meses.

Y aquí tienes otro ejemplo proveniente de mi carta de ventas de "Email Marketing Inmersivo":

Creo que no tengo necesidad de aclararlo si hace rato que me sigues... pero nunca está de más para aquellos que son nuevos. Este libro definitivamente no es para hacerse millonario rápidamente... y si hace rato que me sigues ya sabes lo que pienso al respecto.

Y este libro NO te va a servir para NADA si NO tienes una lista de emails (suscriptores). Solo sirve para aquellas personas que ya tienen una lista y que quieren empezar a monetizarla... independientemente de si vendes tus propios productos o los productos de otras personas (como afiliado).

Sin embargo...

Si bien con los consejos de este libro vas a poder empezar a monetizar tu lista incluso la misma semana que lo compraste, tú deberás sentarte en frente de tu laptop u ordenador y hacer tu trabajo de escribir emails. Este libro está lleno de ejemplos, pero no te entrega ningún email mágico que puedas copiar y enviar a tu lista para mágicamente explotar las ventas de tu negocio. Eso no existe. Y si es eso lo que estás buscando, date de baja de mi lista y deja de seguirme.

Así que...

Si piensas que este libro no puede ayudarte a crear una avalancha de clientes para tu negocio de forma consistente y sostenida... y por lo tanto, una montaña de dinero... entonces deberías omitir esta oferta.

De lo contrario, puedes obtener una copia mientras esta oferta siga disponible y al precio ya mencionado (que lo puedo aumentar en cualquier momento):

Como puedes ver, no es muy difícil de aplicar. Solo debes mencionar una gran desventaja al principio y luego la ventaja de usar tu sistema. La desventaja — ese resultado que no puedes prometer — podrías basarte en lo que prometen otros productos en tu nicho. Por lo general, si estás en el negocio de los infoproductos, los cursos online suelen exagerar los resultados que se pueden obtener, los cuales muchas veces no son muy creíbles. Por ejemplo, en el nicho de ganar masa muscular, decir que puedes ganar 20 kg de músculos en 3 meses de forma natural es algo muy exagerado. No es posible lograrlo de forma natural (solo con esteroides u hormonas de crecimiento). Por lo tanto, la desventaja que puedes mencionar podría ser el resultado exagerado que está prometiendo algún otro producto en tu nicho.

Símbolos de autoridad

Otro principio psicológico que transmite autoridad y que menciona Robert Cialdini son los símbolos. Según este autor, existen tres tipos de símbolos que ayudan a transmitir autoridad: títulos, vestimenta y accesorios.

Con **títulos** me refiero a Profesor, Doctor, Presidente (de alguna empresa), CEO (también de alguna empresa). Solo cité los títulos más conocidos. Pero hay otros títulos que también pueden generar autoridad. Por lo general, los títulos generan autoridad porque lleva tiempo adquirirlos. Un doctor en física ha tenido que estudiar física en alguna universidad y luego haber realizado el curso de doctorado para adquirir el título de doctor. Es decir, le ha tomado varios años adquirir ese título y no cualquier persona puede lograrlo. Por esa razón algunos de estos títulos suelen transmitir autoridad. Y digo "algunos" porque no todos los títulos suelen transmitirlo. Por ejemplo, el título "fundador" o "CEO" no suele transmitir autoridad muchas veces. No es lo mismo ser fundador de una empresa que nadie conoce y que tiene solo un empleado (la misma persona que la fundó) que ser fundador de una empresa como Amazon.

Con respecto a la **vestimenta**, cierto tipo de vestimenta también suele transmitir un aire de autoridad. Este tipo de vestimentas suelen ser aquellas que visten los médicos, los policías, los soldados o los sacerdotes. Por ejemplo, si eres médico y quieres vender un producto para adelgazar, es recomendable que muestres una foto tuya con la vestimenta de médico que sueles utilizar. Si la foto fue tomada en un hospital, tendrá mucha más autoridad que si la hubieses tomado dentro de tu casa.

Y con respecto a los **accesorios**, estos por ejemplo pueden ser joyas, vestimenta cara o autos de lujo. Si una persona vende un curso donde promete que puede enseñarte a crear un negocio que te genere un millón de euros o dólares al año, es más probable que le creas si lo ves conduciendo una Ferrari y viviendo en una mansión en Miami, que si lo ves filmando sus videos desde un departamento monoambiente. Aconsejo que hagas esto solo si realmente tienes en tu poder ese tipo de accesorios, y no hagas las estupideces de los influencers del humo de alquilar sus Ferraris o comprar imitaciones de Rolex solo para verte como un millonario. A las únicas personas que vas a atraer haciendo eso es a oportunistas que están desesperados por ganar dinero, y que te traerán muchos dolores de cabeza. Los mejores clientes son aquellos que son serios con su dinero (los escépticos), y son justamente estos quienes desconfían de los "gurús" de las redes sociales. Es por esa razón que en mis cartas de ventas intento hacer todo lo posible por repeler a los oportunistas, ya sea diciendo que no ofrezco reembolsos o que con mi producto no se harán millonarios.

Fotos con famosos o recomendaciones

Este es el tercer y último principio psicológico que transmite autoridad. Y es que algo que he visto hacer a algunos marketers con dinero, y que lo considero un poco descarado e inmoral, es lo siguiente. Se unen a organizaciones benéficas o de caridad fundadas por algún famoso, tales como Arnold Schwarzenegger o Bill Clinton. Donan dinero. Y participan de sus reuniones… solo para, en algún momento de esas reuniones, tener la oportunidad de sacarse una foto con el famoso y decir algo como: "Yo conozco a Arnold Schwarzenegger". He visto hacer esto a algunos marketers americanos. Y la verdad es que funciona, y muy bien, para elevar tu estatus y autoridad. Así que, si no te importa el lado inmoral de este acto (unirte a una fundación no para realmente ayudar a los pobres sino para tomarte una foto con el famoso que la fundó), entonces adelante. Tu estatus y autoridad se disparará por las nubes.

Otra forma de demostrar autoridad es cuando una persona con autoridad en tu nicho te recomienda. Por ejemplo, si vendes libros de autoayuda y Tony Robbins dice que eres un gran orador y que le fascina la manera en que estás ayudando a las personas, obviamente eso sería una gran señal de autoridad para ti. Pero muchos de nosotros no tenemos la suerte de que personas como Tony Robbins recomienden nuestro trabajo. Así que, si ese también es tu caso, te aconsejo que te quedes con el primer y/o segundo consejo de Robert Cialdini que ya vimos.

Arma #7: Lead magnets o sobornos que venden

"Lo que conseguimos con demasiada facilidad, lo valoramos muy poco".

— Thomas Paine

Si vendes infoproductos u ofreces algún servicio de coaching o algo parecido, probablemente sepas que un lead magnet o soborno se le llama a cualquier cosa que se promete en la página de captura para que te dejen el email, y después ese lead magnet podrá ser descargado (si es que se puede descargar) cuando le llegue automáticamente al email de tu nuevo suscriptor.

Un lead magnet bien hecho debería poder tener la ventaja de que te ayude a vender uno de tus productos. Pero ya vamos a llegar a eso. Primero me gustaría aclarar que un lead magnet debería tener 5 características importantes: gratis (obvio)… breve… incompleto… aplicable (cuando sea posible)… y de calidad

Creo que con la primera característica no hay problema. Asumo que entiendes a qué me refiero con "gratis". Por lo tanto, no es necesario explicarlo. Sin embargo, quiero recalcar algo importante. Y es que las personas no suelen valorar aquello que es gratis. Yo veo a algunas personas entregando información bastante valiosa gratis y algunos incluso cursos o libros enteros. Me parece un gravísimo error, simplemente por la misma razón anterior: las personas no valoran lo gratis. Si les entregas un curso gratis, es probable que ese curso nunca lo consuman y se quede juntando polvo digital en el disco duro. Por lo tanto, mi consejo aquí es que no te vuelvas loco por entregar un súper lead magnet para sorprender a las personas. **El lead magnet, si es posible, que sea lo más corto o breve posible.** Y esta es la segunda característica de arriba. Mientras más breve pueda ser, mejor, porque las personas no van a invertir mucho tiempo en consumirlo si es muy largo, simplemente porque es gratis y no pagaron para conseguirlo.

Ok...

La tercera característica del lead magnet es que sea **incompleto**. Con "incompleto" me refiero a que el lead magnet debería generar curiosidad sobre cómo hacer algo más además de lo que ya revelas en el propio lead magnet. Ese "algo más" lo encuentran solo en uno de tus productos, o sino en tu servicio. Debes dejar a tu audiencia con el deseo de querer saber aún más, así tienen el deseo de comprar uno de tus productos. Además, ¿qué sentido tiene dar tanta información gratis? Una vez que recibieron todo lo que necesitaban saber, ya no te comprarán el producto que estás vendiendo. Hay muchas personas que piensan que mientras más información gratis den a su audiencia, más ventas van a tener. Es más, muchas veces he escuchado decir a falsos gurús del internet marketing decir que mientras más información proveas, más vas a convencer a las personas para que te compren.

Pero no es así como funciona.

Si brindas información de **calidad** y que tu audiencia pueda **aplicar inmediatamente**, no necesitas entregar tanta información. Y como puedes ver, ya mencioné las demás características que debe tener un lead magnet: de calidad y aplicable.

Pero quiero volver a algo que había dicho antes. Había dicho que la información debe ser incompleta, y que "debes dejar a tu audiencia con el deseo de querer saber aún más, así tienen el deseo de comprar uno de tus productos". En este momento, si es que no lo cambié por otra cosa, estoy ofreciendo como lead magnet en mi negocio un capítulo de mi libro high ticket llamado "Email Marketing Inmersivo". Y el final de ese capítulo, y que se puede leer en el lead magnet, dice lo siguiente:

> **Existe otra forma de provocar una sensación de urgencia como la anterior, pero con la diferencia de que vas a añadir un límite de tiempo para que las personas no tengan otra opción que comprarte si no quieren perderse aquello que les estás prometiendo. Y tiene la ventaja de que puedes generar una marea de nuevos clientes y una montaña de dinero en <u>literalmente menos de 5 días</u>. La forma de hacer esto con el email marketing es con lo que yo llamo "lanzamientos ficticios". Y lo veremos más adelante en un próximo capítulo.**

Como puedes ver, existe una especie de promesa al final de que podrán generar una montaña de dinero en literalmente menos de 5 días, lo cual es cierto, no es humo. Y eso genera curiosidad sobre cómo se hace, y aumenta el deseo hacia mi libro "Email Marketing Inmersivo".

Entonces…

Para resumir, la información que debes entregar debe ser no solo gratis, sino también incompleta, breve, pero de calidad y que puedan aplicar cuanto antes. Puede suceder que la información no tenga la capacidad de que pueda ser aplicable inmediatamente. Por ejemplo, si vendo un curso sobre cómo posicionarse en los primeros lugares de

Google, en ese caso mi audiencia jamás podrá aplicar inmediatamente la información aprendida, ya que demora meses (o ahora más de un año) ver resultados en el posicionamiento de una web en Google. Si la información no es aplicable inmediatamente, no te preocupes. Solo asegúrate de que la información cumpla con las demás características.

Ahora...

Veamos ejemplos de casos en los cuales es posible brindar información que sea aplicable inmediatamente. En el nicho de bajar de peso, podrías entregar a tu audiencia un plan nutricional de un día. Es decir, una planilla donde muestras los alimentos que puede contener el desayuno, el almuerzo, el snack por la tarde, y la cena. Solo sería una planilla para un día y les informas que los siguientes días deben comer alimentos parecidos y en las mismas cantidades. Y les dices que lo hagan por 15 días. Ahora, si les has entregado un plan que realmente funciona, y tu audiencia lo pone en práctica, entonces sin lugar a dudas van a ver resultados en esos 15 días. Cuando se suban a la balanza o báscula o como se llame en tu país, y vean que bajaron de peso, van a confiar más en ti y se darán cuenta que realmente tienes en tus manos la solución que ellos han estado buscando. Durante esos días tú tuviste que haberles enviado emails para hacerles un seguimiento. Así que, cuando vean los resultados que obtuvieron con tu lead magnet, habrá altas chances de que quieran comprar tu producto.

Como puedes ver, siempre (en lo posible) debes brindar información que tu audiencia pueda aplicar fácilmente y que además sirva. Y esto último lo menciono porque no tiene sentido darle un consejo a tu suscriptor que no le servirá para acercarse aún más a su objetivo. Nosotros queremos que le funcione para que quiera comprar nuestros productos.

La Venta Invisible #88

Arma #8: La técnica adictiva de "Breaking Bad"

"Todos los programas de televisión son como los cigarrillos. Ves dos y tienes más probabilidades de ver tres. Son adictivos".

— Dan Harmon (co-creador de "Rick y Morty")

Si eres fan de algunas de las series americanas que son exitosas, habrás notado que siempre que un capítulo finaliza, la trama o el final queda abierto, obligándote a mirar el próximo episodio para saber cómo continúa. Y cuando estás mirando ese próximo episodio, resulta que antes de cerrarte ese final abierto, se abrió otra trama. Así, cuando se cierra el final abierto del anterior episodio, en tu mente lo que sucederá es que querrás saber cómo se cierra la trama que se abrió antes de que se cerrara el final abierto del anterior episodio. Si me has seguido hasta ahora lo que he dicho con tanto trabalenguas, notarás que los guionistas juegan con nuestras mentes para que nos volvamos adictos a la serie que estamos mirando. Constantemente están abriendo tramas dentro de otras tramas, así cuando una se cierra, ya existe otra abierta que te obligará a quedarte sentado mirando Netflix por horas hasta que la temporada de "Breaking Bad" termine o hasta que tengas que irte a dormir, para el día posterior seguir con tu adicción creada intencionalmente por los guionistas (aunque las últimas series — y por lo general creadas por Netflix o Prime Video — están empezando a fallar miserablemente en esto último).

Ahora…

JuanSchukin.com

¿Para qué te estoy contando cómo funcionan las series exitosas? Para que tú hagas lo mismo en tus emails o cartas de ventas o cualquier otra pieza de marketing. Para que tus lectores no quieran parar de leer, debes abrir tramas y dejarlas abiertas para que sigan leyendo. Y antes de cerrar una trama, ya deberías estar abriendo otra para que sigan hipnotizados con la lectura (o mirando tu video o escuchando un audio… y sí, también se puede hacer con videos y audios). Lo que te acabo de explicar se llama…

Open loops

Básicamente los "open loops" son tramas, ideas o pensamientos que son abiertos y, en vez de cerrarlos, pasas a hablar acerca de otro tema para que el lector quede inmerso en tu texto. Este efecto que provocas en el lector se llama el Efecto Zeigarnik. ¿Cuál es la forma correcta de aplicarlo para provocar tensión y curiosidad en el lector? Es muy fácil aplicar el Efecto Zeigarnik y te mostraré cómo. Pero antes... ¿sabes por qué se le llama así? Todo surgió en el año 1927 cuando una psicóloga rusa llamada Bluma Zeigarnik notó algo extraño y a la vez interesante en un restaurante de Viena junto con sus amigos. Zeigarnik notó cómo los camareros recordaban exactamente lo que había pedido ella y cada uno de sus amigos antes de servirles. Sin embargo, una vez que les habían servido la comida, los camareros se habían olvidado qué habían pedido Zeigarnik y sus amigos. Ella quedó fascinada con esto y quiso hacer algunos experimentos para ver qué estaba sucediendo. Para realizar este experimento, pidió a un grupo de personas que realizaran varias tareas y después los interrumpió. Al rato de haberlos interrumpido, se les preguntó qué tareas estaban haciendo. Y se dio cuenta que aquellas personas que no habían completado sus tareas, las recordaban mucho mejor que aquellas personas que ya las habían completado. Los detalles de las tareas quedaban grabados en la memoria de corto plazo. Y las personas se sentían "obligadas" a volver a sus tareas para poder terminarlas. La conclusión fue que cuando

La Venta Invisible #90

interrumpimos una tarea que estábamos haciendo, el cerebro aún queda pensando en esa tarea porque necesita un cierre. Y nos volvemos ansiosos por terminar lo que habíamos empezado.

Y es que…

Ésta es la razón por la cual los open loops funcionan tan bien para "obligar" a las personas a seguir mirando una serie, una película o leyendo un libro. Y como si todo esto fuera poco, existe una estrategia secreta que me ha llegado a mí a través de un marketer americano. Y te la quiero revelar para que vendas muchas copias de tus productos. Cuando apliqué esta estrategia secreta de los open loops en uno de mis negocios, pasé de facturar 2300 USD mensuales a 5200 USD mensuales en 24 horas. Éste es el secreto que ha usado una pequeña élite de marketers para facturar sumas superiores a las 6 cifras mensuales. Aprende este secreto, y nunca más vas a tener que lidiar con las ventas el resto de tu vida. Y lo más interesante de todo esto, es que a raíz de este secreto logré idear una estrategia de generación de tráfico totalmente gratuita, constante y abundante que hará que tu sitio web explote en ventas y no tengas que preocuparte nunca más por generar tráfico pago. Todo comenzó en el año 2017 cuando tuve que hacer un viaje a Miami. Allí me reuní con un viejo amigo que hace 10 años se dedicaba al internet marketing y había amasado una fortuna increíble. No solo me reveló este secreto que estoy a punto de contarte, sino que también compartió conmigo una nueva forma de negocio por internet y que cada uno de esos negocios le está generando 5 cifras mensuales. Y lo mejor de todo esto es que le lleva tan solo 2 semanas prepararlos. También te lo voy a revelar en un segundo. El secreto que mencioné más arriba sobre los open loops y que me permitió pasar de 2K mensuales a 5K mensuales en 24 horas es…

Bueno…

JuanSchukin.com

En realidad no hay ningún secreto. Tampoco tengo un amigo americano que se dedica al internet marketing. Tampoco existe una estrategia de generación de tráfico totalmente gratuita, constante y abundante (desearía que existiese algo así). Todo lo anterior fue solo un ejemplo para que veas y entiendas el uso de los open loops. Si antes te decía que te iba a dar un ejemplo, quizás no lo ibas a apreciar tanto como lo acabas de hacer ahora.

Si prestas atención, abro 3 loops:

1) La estrategia secreta del open loops.

2) La estrategia de generación de tráfico.

3) Y la nueva forma de hacer negocios por internet para generar 5K mensuales con cada uno.

Si hubiese seguido con la historia, al cerrar el loop #1, aun así hubieses seguido leyendo porque todavía estaba abierto el segundo y el tercer loop. Y cuando hubiese cerrado el loop #2, muy probablemente hubiese abierto un cuarto loop, así al momento de cerrar el tercero, tu cerebro todavía hubiese estado esperando un cierre debido al cuarto loop.

En fin...

Así es como debes aplicarlo en los emails y cartas de ventas para que las personas sigan leyendo hasta llegar a la acción que quieres que tomen, como presionar un link (en un email) o presionar el botón de compra (en una carta de ventas).

Arma #9: El método hipnótico de los productos de ficción

"Son mi único escape del fastidio del trabajo y la familia. No se ofendan".

— Homero/Homer Simpson
Los Simpson

¿Por qué las películas o las series tienen más éxito que un documental? ¿Por qué nos "atrapan" y no podemos parar de mirarlas? La respuesta sencilla es que siempre cuentan una historia. Por esa razón pagas las entradas para ir al cine: para descubrir de qué se trata esa historia. En cambio, es muy poco probable que pagues una entrada para ver un documental. Y quizás ya estés sospechando a dónde quiero ir con todo esto. Y es que si quieres que sea más efectivo vender sin vender, una historia puede ser de gran ayuda… aunque no siempre.

¿Por qué no siempre?

Voy a decir algo que a muchos no les va a gustar. Pero… a nadie le importa nuestra historia. Es duro, pero es la verdad. Si nuestra historia es una ordinaria donde no nos ha pasado nada increíble o fuera de lo común, esa historia será aburrida. Punto. No importa que uses la mejor estructura de storytelling. Será aburrida. Si has leído algo sobre storytelling en el pasado, seguramente has escuchado que contar anécdotas sobre tu vida puede incrementar las ventas. Es mentira. Leer anécdotas o historias de la vida cotidiana de las personas es más aburrido que escuchar una partida de ajedrez por radio. Además, las personas ya están un poco cansadas de leer o escuchar siempre el mismo tipo de historia de "estuve en la ruina o estaba pesando 200 kilos y después de tanto trabajar pude alcanzar mi objetivo y ahora soy millonario con dos Ferraris (alquiladas) en mi garage o ahora peso 55 kilos y todos miran mi cuerpo en la calle y blablabla".

Esa es la razón principal por la cual enseño infotainment en mi libro "Email Marketing Inmersivo". El infotainment es la unión de "information" con "entertainment". Sin embargo, puedo darte una estructura de storytelling de solo 6 etapas basada en el Viaje del Héroe y que puede ayudarte a crear una historia más entretenida y que las personas quieran escuchar o leer. El Viaje del Héroe se usa mucho en las películas y novelas, y fue usado por George Lucas para escribir su primera trilogía de Star Wars. Aún así, mi recomendación es que no uses esta estructura para contar algo ordinario sobre tu vida, porque ni la mejor estructura de storytelling del mundo puede ayudar a convertir una historia ordinaria en un best-seller, aunque haya otros marketers o copywriters diciendo lo contrario. En el único lugar o pieza de marketing en el cual puedes contar una historia sobre algo ordinario sobre tu vida o sobre cómo superaste un obstáculo que hoy en día ya es cliché, es en un producto pago, como un libro como este. Las personas pagaron por el producto, así que las chances de que lean la historia son altas. Pero en un email, o peor aún, en una carta de ventas, podría explotarte.

Sin embargo…

Si tu historia no es un cliché como todas las historias allí afuera, entonces te recomiendo que uses la estructura de solo 6 etapas que te voy a recomendar a continuación y que aprendí de un experto consultor llamado Michael Hauge que ha asesorado muchas veces a

Hollywood para contar historias más emocionantes. Pero, si la historia la quieres usar en un email o carta de ventas, te recomiendo que la hagas lo más corta posible, sobre todo para una carta de ventas.

Pero antes de proseguir…

¿Por qué contar historias? Habrá muchas más probabilidades de que tu audiencia te preste atención si cuentas una historia, en vez de brindar datos vacíos que no despiertan ningún sentimiento en las personas, aunque puedan ser ciertos y ayuden a tu audiencia a resolver un problema. Otra ventaja de contar una historia es que las personas, muchas veces, y si están bien contadas, no pueden sospechar que quieres venderles un producto o servicio. Hoy en día las personas son muy desconfiadas, ya que se les quiere vender en todo momento. Si estás hablándole a un público frío (es decir, que no te conoce) y sospechan que vas a venderles, podrían dejar de escucharte. En cambio, al contar una historia, sus defensas son destruidas ya que las personas aman las historias (bien contadas). Una historia bien elaborada es realmente hipnótica. Es como una secuencia de imágenes guiadas por ti que ayuda al lector a retirarse momentáneamente de su entorno físico y explorar su inconsciente, donde finalmente se toman (casi) todas las decisiones. Según el Doctor A. K. Pradeep, autor del libro "The Buying Brain", el 95% de las decisiones son tomadas por nuestra mente subconsciente. Además, las historias han sido siempre el lenguaje natural del ser humano. Nos ha gustado escuchar historias desde que éramos niños. Y es a través de las historias que el hombre transmitía conocimiento hace miles de años. Lo tenemos en nuestros genes como especie. Si cuentas bien tu historia, tu lector querrá saber cómo el protagonista, con el cual se identifica, obtendrá lo que está buscando. Y cómo eso mejorará su vida. Y si has creado una escalera de creencias como expliqué en un capítulo anterior, podrás introducirla perfectamente con una historia. De esta forma, gracias a tu historia, tu audiencia podrá llegar a las conclusiones que tú necesitas que llegue para que esté preparada para comprar el producto que vas a presentarles.

Pero… hay más.

Otra ventaja de las historias es que la mente del ser humano piensa en imágenes. Si quieres explicar tu sistema de creencias con solo datos y hechos, puedes hacerlo. Pero dejas al lector a la deriva obligándolo a que sea él quien cree sus propias imágenes en su mente. Cuando haces eso, muchas veces las personas pueden no entender exactamente el mensaje que estás intentando transmitir y crean imágenes en su mente que no son justamente las que tú quieres que creen. Es decir, crean las imágenes equivocadas. O también puede suceder que algunas personas sean lo suficientemente perezosas como para tomarse la molestia de crear esas imágenes en su mente.

Ahora…

Antes de presentarte la estructura de storytelling de 6 etapas de este famoso consultor de Hollywood, debes saber que voy a llamar **"héroe"** al protagonista de la historia, quien no necesariamente tienes que ser tú. El héroe de la historia no es alguien que necesariamente tiene que ser un héroe legendario como Hércules o el Rey Arturo. Pero es alguien que eventualmente adquirirá las características de un héroe en el sentido de que se atreverá a ser valiente y superará sus miedos más profundos para alcanzar un objetivo en concreto. Ese héroe debe superar el mismo obstáculo que tu potencial cliente desea superar. Y al final de la historia debe obtener el mismo resultado que tu potencial cliente desea obtener. Por ejemplo, en el caso de bajar de peso, una historia debería contar cómo el personaje finalmente encontró la forma correcta de empezar a adelgazar de forma sostenida en el tiempo y logró alcanzar esa figura que estaba deseando. En el caso de ganar masa muscular, una historia podría contar cómo el personaje encuentra el entrenamiento correcto para empezar a desarrollar masa muscular y finalmente con el paso del tiempo alcanzar la figura de un modelo fitness. O en el nicho de la seducción, una historia podría contar cómo el personaje deja de ser un inútil con las mujeres y empieza a desarrollar la habilidad de hablar con las mujeres y ser capaz de seducirlas. Como puedes ver, todas las historias suelen contar con lo mismo: superar un determinado problema que se está sufriendo para transformar su vida y ser una persona diferente.

Existen 3 tipos de personajes que son clasificados según quién vive la experiencia. Uno de ellos es el personaje…

Autobiográfico

El personaje autobiográfico es aquel en el cual el escritor se convierte a sí mismo en el personaje de la historia que se relata. Y por lo general, la mayoría de las historias en el marketing utilizan el personaje autobiográfico. Por ejemplo, si tienes un producto de información en el cual enseñas a las personas a bajar de peso porque tú mismo has pasado por esa situación y lograste adelgazar y transformar tu cuerpo, entonces tú puedes ser el personaje de la historia. Básicamente, lo que harás es contar cómo tú mismo superaste todos los obstáculos para finalmente alcanzar ese objetivo tan deseado que era transformar tu figura. El conocido autor de finanzas Robert Kiyosaki usó este método. En su libro "Padre rico, padre pobre", el autor cuenta cómo su papá rico (según el autor) le enseñó a lo largo de su niñez, de su adolescencia, y luego en su vida adulta, cómo alcanzar la libertad financiera. Y le enseñó a superar los obstáculos que encontraba en su camino y que le impedían llegar a su objetivo. Y antes de pasar a los otros personajes, quiero remarcar algo importante acerca del libro de Robert Kiyosaki. Asumiendo que has leído el libro, ¿piensas que el libro hubiese tenido ese éxito rotundo y se hubiese convertido en un best-seller si el autor jamás hubiese contado una historia? ¿Piensas que hubiese tenido el mismo éxito si solo hubiese brindado consejos y datos?

No lo creo.

Sin entrar en discusión en si la historia de Robert Kiyosaki y su "papá rico" es verdadera o no, hay que reconocer que el autor supo muy bien cómo utilizar el poder de las historias para "atrapar" al lector y convertir un simple libro de finanzas en un best-seller mundial y un gran negocio para él (debido a los demás libros y otros productos que pudo crear a partir de su libro principal). Sin la historia de su "papá rico", el libro probablemente jamás se hubiese destacado como lo hizo.

Pero como mencioné antes, existen dos tipos de personajes más además del autobiográfico. El otro tipo de personaje es…

El cliente pasado

Básicamente lo que vas a relatar es la historia de un cliente que compró tu producto y que gracias a ese producto logró alcanzar el mismo objetivo que quiere alcanzar tu potencial cliente. La empresa Subway usó esta táctica de manera brillante para atraer más clientes a sus locales de comida rápida… haciéndoles creer a las personas que sus productos eran — paradójicamente — aptos para bajar de peso! La forma en que lo logró fue gracias a uno de sus clientes pasados llamado Jared Fogle. Jared se convirtió en una figura pública tras perder más de 90 kilos en 1999 al seguir una dieta basada en consumir sándwiches de Subway. Su historia llamó la atención de la cadena, que lo convirtió en el rostro de su campaña publicitaria, destacando su "dieta Subway" como un ejemplo de vida saludable. Fogle apareció en anuncios de televisión y eventos promocionales durante más de 15 años, ayudando a asociar la marca con la pérdida de peso y el bienestar. Y ayudándola a atraer una nueva avalancha de clientes.

Entonces…

Para usar a un cliente pasado como personaje en una historia, primero deberás contactar a un cliente que ya compró tu producto y que lo ayudó con su objetivo. Deberías pedirle si puede contarte cómo ha sido su lucha, los obstáculos que ha tenido que superar y cómo tu producto lo ha ayudado. Y luego le pides permiso para contar su relato para que otras personas también conozcan su historia y su transformación.

Veamos un ejemplo sencillo de cómo usar este tipo de personajes (aclaro que esta historia no está contada teniendo en cuenta las 6 etapas que veremos más adelante):

Ésta es la historia de Karen, quien después de dar a luz a su primer bebé subió 20 kilos de peso.

Desesperada, recurrió a muchas dietas, las cuales la ayudaron a perder algunos kilos... para después recuperarlos.

Hizo ejercicios. Siguió distintas dietas. Incluso a veces comía solo ensalada en el almuerzo. Pero NADA parecía ayudarla a bajar de peso.

Hasta que conoció mi método. Y a partir de ese momento cambió todo para ella.

La Venta Invisible #99

Si en este momento te está sucediendo lo mismo que a Karen, debes saber algo importante.

Y es que... las dietas simplemente no funcionan.

Antes de explicarte por qué no funcionan y qué deberías hacer... permíteme presentarte a Karen:

Después de tener a mi bebé, subí muchísimo de peso.

Nunca imaginé que podía llegar a subir tantos kilos en un par de meses.

Los pantalones ya no me quedaban.

Y era muy molesto tener que comprar cada vez tallas más grandes.

Probé muchas dietas. Bajas en grasas. Bajas en carbohidratos. Las dietas de moda.

Y empecé a caminar y hacer bicicleta.

Pero mi peso no bajaba a la velocidad que yo quería, solo al principio.

Siempre sucedía lo mismo. Seguía la dieta al pie de la letra. Perdía peso rápidamente al principio y luego la pérdida de peso se hacía cada vez más lento.

¡Hasta que dejaba de adelgazar por completo!

Así que, sintiéndome desanimada y rechazada, llegaba un momento en el que ya estaba demasiado cansada de luchar contra las ganas de comer.

Y me atiborraba con azúcar y postres.

¡Y el peso que había tardado meses en desaparecer volvía a la carga en unas pocas semanas!

Hasta que me encontré con Cosme Fulanito. Él cambió mis hábitos alimenticios y me dijo que si realmente quería adelgazar, no debía hacer dietas.

A partir de allí los kilos empezaron a bajar. Pero no solo al principio como antes. Esta vez fue a largo plazo. Hasta alcanzar la cintura delgada que tengo ahora.

Hoy me siento más feliz con mi cuerpo y ya no me siento más desproporcionada.

Puedo volver a usar la vieja ropa otra vez y ahora puedo comprarme tallas más pequeñas.

Ya no me avergüenzo más con las fotos de verano. Y he recuperado a mi marido, que sentía que ya no me miraba como antes.

Claro, Karen no lo logró en tan solo un mes.

Pero la buena noticia es que es posible lograrlo si sigues los pasos correctos.

Y te lo puedo demostrar ahora mismo.

Como puedes ver en el ejemplo, Karen es el cliente pasado y es el personaje con el cual tu potencial cliente debería sentirse identificado, ya que es quien superó los obstáculos y alcanzó su objetivo.

Pero había dicho que faltaba otro tipo de personaje más. Y ese es el personaje…

Ficticio

El personaje ficticio es, como su nombre lo indica, un personaje inventado por ti. Hace años, los marketers utilizaban personajes ficticios para vender sus productos. Si te estás preguntando sobre la legalidad de hacer esto, es legal siempre y cuando aclares en los términos y condiciones (que nadie lee) de tu sitio web que Juan Perez, asumiendo que sea el nombre de tu personaje, es solo un pseudónimo. Sin embargo, a día de hoy no recomiendo que uses un personaje ficticio para vender tus productos. Las personas están cada vez más desconfiadas, sobre todo con el auge de la IA, y usar un nombre ficticio podría ser un problema. Aclaro que con nombre ficticio no me refiero a inventar un nombre pero que la persona que aparece en los videos y fotos eres tú. Me refiero a que todo es ficticio, incluso las fotos (con los videos no se puede hacer, a menos que la IA siga avanzando) y la historia y todo lo que se dice del personaje. Es por eso que no recomiendo usar más personajes ficticios como se usaban antes.

Ahora...

Antes de mostrarte la estructura de 6 etapas para contar historias, es importante que empieces la historia de una forma que llame la atención para invitar a las personas a leer. El primer párrafo debe darle a entender al lector que lo que está por descubrir puede cambiar su vida de formas que no se imagina. Pero hazlo sin exagerar, porque la persona podría pensar que estás mintiendo y dejar de escucharte o leerte.

Veamos diferentes formatos y ejemplos de cómo podrías empezar una historia para captar la atención del lector. El primero que vamos a ver es el...

Formato beneficio

Aquí tienes un ejemplo:

> **Ésta es la historia sobre un ectomorfo (y ahora amigo), quien pasó de ser súper delgado y sentirse marginado por su cuerpo, a alguien cuyo físico pasó a ser la envidia de sus amigos y las personas más cercanas a él. Así es cómo todo empezó...**

Como puedes ver, le estamos diciendo al lector que estamos a punto de revelarle la estrategia que él también podría usar para lograr eliminar su problema y alcanzar su objetivo. En este caso, ser un hombre más musculoso y dejar de sentirse como el hombre más delgado del mundo. Tú también puedes copiar este formato para tus historias. Por ejemplo, si queremos adaptarlo al nicho de bajar de peso, podríamos decir algo como:

La Venta Invisible

Ésta es la historia sobre Julia, quien pasó de pesar 90 kg y de sentirse frustrada con su cuerpo, a pesar tan solo 60 kg en menos de 5 meses y alcanzar una figura que atrae la mirada de todos en la calle. Ésta es la historia de cómo transformó su vida...

Otro formato que puedes usar para empezar tus historias es el que yo llamo...

Formato "Sugarman"

Este formato lo he usado por muchos años, y es uno creado por la leyenda del marketing directo y también copywriter: Joe Sugarman. Sugarman ha usado este formato en un anuncio para vender con gran éxito unos lentes de sol. Este formato (traducido al español) es así:

Estoy a punto de contarte una historia verdadera. Si me crees, serás muy bien recompensado. Si no me crees, haré que valga la pena tu tiempo para que cambies de parecer. Permíteme explicarte...

Este formato es excelente porque no necesitas adaptarlo a tu nicho en cuestión. Simplemente lo puedes copiar y listo.

Y el último formato es el que yo llamo...

Formato casi imposible

Este formato consiste en decirle al lector que estás a punto de revelarle algo tan fácil de aplicar que hasta un chico de 10 años podría hacerlo. Te sugiero que lo uses si realmente lo pueda poner en práctica un chico de 10 años.

Veamos un ejemplo:

Querido lector.

Mi nombre es Juan Pérez.

Y ahora mismo estoy a punto de introducirte en un gran descubrimiento. Y te prometo que tu vida no volverá a ser la misma de antes. Es mi forma de generar un sueldo de 5 cifras mensuales en internet que nadie conoce y que incluso un chico de 10 años puede poner en práctica sin ninguna dificultad.

El ejemplo fue puro humo como acostumbran a hacer los vendehumos, pero en fin…

Estos fueron algunos formatos que puedes utilizar para el comienzo de tu historia. Puedes usarlos o puedes crear tus propios formatos a partir de los ejemplos dados.

Y finalmente…

Estas son las 6 etapas de storytelling del más famoso consultor de Hollywood para contar historias cautivadoras. Y empecemos con la primera…

Etapa 1: Situación Inicial

Esta primera etapa se llama **Situación Inicial**. En esta etapa se pone mucho énfasis a la situación de tu héroe antes de que comience su "viaje", es decir, antes de que comience su transformación. Y la principal razón es porque es necesario que tu audiencia vea cómo era todo antes de empezar ese viaje. Esto último es importante por dos razones. Primero porque la situación inicial de tu héroe deberá ser igual a la de tu audiencia. De esta forma, tu audiencia se identificará con tu héroe y querrá saber cómo saldrá de esa situación, que es la misma en la cual se encuentra tu audiencia. Y segundo, cuando se produzca la transformación de tu héroe y alcance el éxito, tu audiencia podrá hacer una comparación con la vida anterior del héroe y llegar a la conclusión de que tu producto también podrá ayudarlos a salir de esa situación (inicial) en la que se encuentran. A esto último se le llama…

CREAR TENSIÓN

Y cuando creas tensión en tu público, hay altas chances de que te presten atención.

Ahora…

Con respecto a la vida del héroe antes de su transformación, deberás ser lo más específico posible. Deberás describir cómo era su vida y qué tan frustrado se sentía. Deberás contar los problemas que tenía. Por qué era infeliz. Qué consecuencias tenía eso en su trabajo, en su pareja o en su salud. Deberías contar por qué estaba inicialmente con problemas. Quizás quería encontrar una solución a su problema, pero no tenía idea cómo. O quizás tenía miedo de animarse a cambiar por temor a equivocarse. O quizás no creía que su vida podía ser mejor. Al empezar contando lo infeliz que era su vida, en tu historia introduces…

Conflicto

Y el conflicto en las historias permite **despertar emociones**.

Por lo tanto…

Cuando comiences esta primera etapa, no tienes que ir muy lejos en el pasado de tu héroe. Sólo debes contar la vida que tenía inmediatamente anterior al cambio. Si es una historia de cómo una chica de 27 años perdió 30 kilos de grasa, no necesitas contar cómo era su vida en la secundaria. Simplemente cuenta el aspecto negativo de tener 30 kilos de grasa a los 27 años. Quizás podría ser que no conseguía pareja por su aspecto físico. O que la discriminaron en un viaje en avión porque no cabía en los asientos. Y todo esto te servirá para otro aspecto muy importante: para provocar…

Empatía

Como storytellers, lo que queremos es crear un vínculo entre la audiencia y el héroe. Tu audiencia debería poder sentir lo que el héroe sintió. E inconscientemente se "convertirá" en el héroe sobre el cual está leyendo. Tus potenciales clientes deberían identificarse con el héroe de una forma tan profunda que crean que son ese personaje. ¿Cuántas veces hemos sufrido las mismas penas que el héroe siente durante una película o serie? ¿O nos hemos conmovido cuando el héroe finalmente resulta exitoso? Esto sucede porque inconscientemente nos volvemos el héroe que estamos viendo en una película o serie. O leyendo en una novela. Queremos experimentar las emociones que el héroe está experimentando. Pues… ese mismo efecto deberíamos ser capaces de transmitir cuando contamos una historia destinada al marketing.

Ahora…

Podemos crear empatía de varias formas. Una de esas formas es con la…

Desgracia inmerecida

A veces el héroe está pasando por una situación frustrante que le impide ser feliz. Una situación que no se merece.

Por ejemplo:

El héroe, después de haber sido un empleado por mucho tiempo, renunció a su trabajo y inició su propio negocio. Pero sus bajas ganancias ahora no le permiten pagar las cuentas, lo cual lo obligó a pedir dinero prestado. O el héroe — después de ver al médico a causa de sus dolores articulares que le impiden trabajar — fue diagnosticado con artritis reumatoide. O quizás por un tiempo ha intentado conseguir pareja, pero no sabe cómo tratar a las mujeres, y por esa razón se siente solo y está pasando por una profunda depresión.

Si tu audiencia está en una situación similar al héroe, no tengas duda que sentirá empatía por él.

Otra forma de crear empatía es cuando el héroe está…

En peligro de perder algo

Puedes crear empatía si tu héroe está en peligro de perder algo valioso para él. Un ejemplo puede ser como el ejemplo anterior del héroe que acababa de iniciar su propio negocio. Pero las bajas ganancias hacen peligrar ese negocio, con la posibilidad de volver a ser un empleado (algo que siempre odió). Es decir, puede que pierda el negocio si no hace algo ya mismo para aumentar las ventas. Otro ejemplo puede ser que el héroe podría estar en peligro de perder su vida debido a problemas en su corazón. O el héroe está a punto de perder a su pareja porque sufre de eyaculación precoz o disfunción eréctil a una edad muy temprana y no puede satisfacerla (algo cierto porque he trabajado en este nicho y las mismas personas me lo han dicho).

Pero existe otra forma de generar empatía con tu público. Y es con las…

Causas nobles

Si tu héroe se preocupa por causas nobles, también podrás crear empatía. Todos queremos identificarnos con personas que son amables y que se preocupan por los demás. En otras palabras, si puedes mostrar que tu héroe quiere alcanzar cierto objetivo solo para ayudar a otros, tendrás empatía asegurada. Por ejemplo: el héroe tiene a su hija enferma y necesita ganar más dinero con su negocio para poder hacer frente a los gastos médicos.

Y por último, podemos crear empatía con una…

Crisis repentina

¿Qué sucede si todo iba bien para el héroe pero de repente tuvo un incidente desafortunado? Por ejemplo, si el héroe tenía un negocio online, quizás todo era perfecto. Pero un día pudo haberse producido un gran cambio en la industria que provocó que ya no pueda generar más tráfico al sitio web, lo cual significaría el fin de su negocio. Y entonces desesperadamente acudió a ti para que lo ayudes. En este tipo de casos se haría una fusión con la siguiente etapa. Se relataría cómo era su vida antes del incidente. Y después pasarías a relatar la crisis. Y ya que estamos hablando de crisis, es tiempo de pasar a la siguiente etapa...

Etapa 2: La Crisis

Para que el héroe haya decidido comenzar su viaje, tuvo que haberse producido un evento en su vida que provocó que decidiera cambiar. Ese evento por lo general es algún tipo de crisis. Por ejemplo, quizás tu héroe estaba harta de su sobrepeso, pero tomó la decisión de ponerse en forma porque tenía que casarse en 3 meses y quería que su vestido de boda le quedara perfecto. O quizás tu héroe era un chico de 25 años, frustrado con las mujeres, que siempre salía por las noches con sus amigos a buscar pareja pero siempre era rechazado, o porque en las apps de citas como Tinder no lograba ningún Match... y la gota que rebalsó el vaso fue que un grupo de chicas se rieran de él por su torpeza al querer ligar con ellas. O quizás era el dueño de un negocio que no vendía lo suficiente y un día el gobierno le cobró una multa carísima e imposible de pagar. Si no pagaba esa multa, le iban a clausurar su negocio. Por lo tanto, debía hacer algo lo antes posible para aumentar sus ganancias cueste lo que cueste.

Por lo tanto...

La crisis debe existir para hacer más emocionante la historia. Si cuentas algo como: "Carlos tenía problemas con su negocio y no podía pagar las cuentas, pero un día acudió a mí para que lo ayude y así empezamos a preparar un plan". Eso jamás tendrá impacto sobre tu audiencia. Por esa razón debes incluir la crisis: para mostrar cómo es que pasa de una etapa a la siguiente. Pero para hacer más emocionante esta etapa, vas a tener que especificar la meta que quiere alcanzar el héroe, ya que tu audiencia querrá saber a dónde se dirige la historia. Pero debes ser específico con el objetivo que quiere lograr el héroe. Mientras más específico seas, más interesante será la historia. Si tu héroe es un cliente pasado y jamás especificó con exactitud la meta, entonces deberás hacerlo tú. Por ejemplo, quizás tu cliente te dijo que quería adelgazar 20 kilos. Pero si tú sabes que quería bajar esos 20 kilos para el día de su boda, entonces puedes ser más específico diciendo:

Quería bajar 20 kilos para poder vestir con elegancia su vestido de boda y salir perfecta en las fotos que quedarán en la familia por décadas.

O quizás el héroe es un hombre frustrado y te dijo que quiere aprender a hablar con las mujeres para conseguir pareja. Pero quizás podrías ser más específico diciendo que quería conseguir pareja para no sentirse nunca más solo y tener a alguien con quien compartir fiestas y vacaciones juntos. O puede que te haya dicho que quería aumentar su masa muscular, pero podrías ser más específico diciendo que quería que sus amigos ya no le dijeran más "¡qué flaco que estás!" y poder sentirse más seguro de sí mismo.

Sin embargo…

Cuando se produce la crisis, no deberías saltar inmediatamente a aquel momento en que el héroe descubre el método que lo salvó (aquí, si es un cliente pasado, aquello que descubre sería tu producto). Después de haberse producido ese evento desafortunado, tu héroe seguramente habrá investigado qué podía hacer para salir de esa crisis. Probablemente haya probado diferentes opciones por su propia cuenta y fracasado en el intento. Probablemente habrá probado otros métodos antes. Si es un cliente pasado, quizás haya visto que había otros productos antes que el tuyo. Y quizás habrá comprado algunos de esos productos. Y si terminó acudiendo a ti, seguramente no le funcionaron. Es importante que cuentes todo eso, tanto las opciones gratuitas que intentó por su propia cuenta como los productos que compró. Es necesario contar eso porque tu potencial cliente (tu audiencia) puede que ya haya pensado hacer lo mismo. **Y si ve que esas opciones fracasaron, entonces estará un paso más cerca de comprar tu producto.**

Por ejemplo…

Supongamos que ofreces un servicio de consultoría sobre tráfico pago con Facebook. Un día, tu héroe pierde el poco tráfico que tenía, que provenía de los resultados orgánicos de Google. Esa sería la crisis. Entonces decide empezar a subir videos a Youtube y a publicar contenido gratuito en las redes sociales. Lo hizo por dos meses, pero eso no le generó ni una sola venta. Después compró algunos productos sobre tráfico web. Pero se dio cuenta que eran pura basura y encima con información que se puede obtener gratis en internet. Como último recurso, decidió recurrir a ti. Si cuentas lo que hizo después de la crisis, la historia tendrá un mayor efecto en tu audiencia, ya que todo lo que hizo tu héroe podrían ser las mismas opciones que tu audiencia haya estado pensando hacer. Y así le dejas entender a tu público que vale la pena arriesgarse a comprar tu producto.

De esta forma…

Lo que harás con lo anterior es hacerle ver a tu audiencia que **los productos de tu competencia son inferiores al tuyo** (si ese fuese el caso, claro está). Seguro que sabrás que hoy en día no sirve de nada decir que tu producto es mejor que la competencia. Que tú lo digas no significa que te vayan a creer. Por esa razón, explicar la experiencia que tuvo tu héroe con otros productos es una excelente manera de persuadir a tu audiencia de que el tuyo es mejor que los productos de tu competencia.

Ahora…

Si vas a usar a un cliente pasado para contar una historia, debes mostrar a tu audiencia el momento en que tu héroe decidió finalmente comprar tu producto o contratar tus servicios. Esta decisión la pudo haber tomado por su propia cuenta después de una larga deliberación o pudieron haber influido quizás amigos o familiares que lo alentaron a tomar esa decisión. Por ejemplo, si el héroe es alguien que necesitaba aumentar las ganancias de su negocio porque debía pagar una importante multa del gobierno, podrías decir algo como:

> **Carlos después se dio cuenta que ya no tenía nada más que perder. Ya lo había probado todo. Y le dijo a su esposa: "voy a comprar este producto y ponerme a trabajar cuanto antes".**

Y así deberías terminar la segunda etapa, justo antes de que tu héroe empiece a usar tu producto o servicio o a pasar a la acción, ya que eso le corresponde a las etapas 3 y 4…

Etapas 3 y 4: Ejecución y Conflicto

El nombre de la tercera etapa es **Ejecución**. Una vez que tu héroe ha descubierto un nuevo método (en el caso de que seas tú el héroe) o ha comprado tu producto o contratado tus servicios (en el caso de un cliente pasado), no saltes a la última parte de la historia. En el caso de un cliente pasado, saltar a la última parte sería decir algo así como: "Después que compró mi producto, lo puso en práctica y en un mes pudo aumentar sus ganancias". Comienza diciendo qué hizo inmediatamente después de realizado el pago y cómo se sintió. Ejemplo:

> **Cuando recibió el email en su cuenta de correo con el libro adentro, estaba emocionado y nervioso al mismo tiempo, porque iba a probar un sistema totalmente diferente a lo que había probado antes. Ni bien lo descargó y comenzó a leer la introducción, sintió una pequeña esperanza de que éste finalmente iba a ser el último sistema que probaría para derrotar su dolorosa artritis.**

También deberías describir los 2 o 3 pasos más importantes que empezó a seguir para poder llegar a su objetivo. Si es posible, intenta describirlo con emociones de tal forma que tu audiencia pueda formarse imágenes en su cabeza. Al hacer esto, le dejas saber a tu audiencia cómo será el usar tu producto. Cuando digo "con emociones", me refiero a que cuentes cómo se sentía al aplicar los pasos. Algo importante que debo aclarar es que, a pesar de que dije que debes explicar los pasos que tomó tu héroe, no digas todo lo que hizo. Si lo que vendes es un producto de información, después no comprarán tu producto si ya saben todo lo que deben hacer. Si vendes productos de información o eres un coach, simplemente puedes explicar esos pasos que darías gratis a tu audiencia en un lead magnet o soborno.

Ahora…

La etapa siguiente (4) se llama **Conflicto** y va a estar un poco fusionada con la anterior, ya que mientras describes los pasos que empezó a seguir tu héroe, deberás también describir cuáles fueron los obstáculos con los cuales se enfrentó durante su viaje. El conflicto es necesario introducirlo porque es la principal fuente de emoción. Sin conflicto, tu audiencia no sentirá nada. Por esa razón, nunca vas a ver una película donde no existe conflicto, es decir, donde todo resulta perfecto para el personaje. Mientras más grande sea el obstáculo, más se va a comprometer emocionalmente tu público. Algunos obstáculos podrían provenir de fuerzas externas: familiares, amigos, el gobierno o alguna causa de fuerza mayor como un terremoto. Por ejemplo… si tu héroe quería iniciar un nuevo negocio, puede que su familia lo haya desalentado de seguir por ese camino porque no creían que iba a funcionar lo que se proponía hacer. O quizás lo criticaban porque estaba gastando mucho dinero y era una pérdida de tiempo. O quizás tu héroe quería ganar más clientes para su negocio usando la publicidad de Meta y resulta que un día Meta le canceló su cuenta publicitaria por violar sus políticas (lo cual pudo resolver días después gracias a algunos consejos que descubrió gracias a ti).

Pero…

Otros obstáculos podrían surgir de su **interior**. Quizás por miedo a fracasar. Quizás porque no cree en sí mismo. Quizás porque había vivido algún tipo de trauma en el pasado y lo que se proponía hacer le recordaba eso que ya había sucedido antes. Por ejemplo, puede que tu héroe quería aprender a seducir mujeres, y su primer paso era acercarse y hablarles. Pero no podía hacerlo, porque cada vez que se lo proponía, recordaba todas las veces que lo rechazaron y se rieron de él. Y por lo tanto se paralizaba y no hacía nada. Estaba atascado y no podía progresar con los siguientes pasos. Este tipo de elementos despertarán emociones en tu público. Y recuerda: siempre querrás despertar emociones si tu meta es vender.

Ahora…

En esta cuarta etapa, no sólo debes introducir los obstáculos con los cuales se encontró tu héroe. También debes brindar una solución para esos obstáculos. Es decir, debes explicar cómo el héroe superó cada conflicto con el que se encontró en su camino. Y una vez hecho eso, pasarás a las dos últimas etapas de la historia…

Etapas 5 y 6: Clímax y Desenlace

La etapa 5 llamada **Clímax** se produce cuando el héroe alcanza su objetivo. Debes describir todo lo que sucedió en ese momento. Si tu héroe es un cliente pasado, cuando te cuente su historia, debería ser lo más específico posible con respecto a ese momento en que se dio cuenta que había cumplido con su meta. Y aplica lo mismo para el caso de una historia autobiográfica. En dónde estaba el héroe en ese momento. Con quién estaba. Qué estaba haciendo. Qué sintió cuando alcanzó su meta. Cómo reaccionaron las demás personas cuando se enteraron. Los sentimientos van a ser muy importantes aquí. No intentes generalizar esta parte. No digas algo como "y así alcanzó su peso deseado". O "y de esta forma finalmente comenzó a vivir del internet". Si lo cuentas de esa forma, no tendrá el efecto deseado sobre tu audiencia. No impactará. Recuerda que lo que siempre queremos lograr con una historia es que impacte en tu público y que despierte emociones. Por ejemplo, algo más específico sería decir:

> **Cuando se pesó y se dio cuenta que había alcanzado su peso deseado, salió corriendo a probarse su vestido de bodas. Al notar que le quedaba perfecto al contacto con su cuerpo, podías notar su entusiasmo en su rostro. Y cuando se miró al espejo, una mezcla de emociones invadió su rostro: alegría, felicidad, entusiasmo, satisfacción. Pero sobre todo, esperanza**

al saber que iba a poder usar el vestido de sus sueños en uno de los días más importantes de su vida.

Sin embargo…

Algo que quiero aclarar sobre el uso de emociones en esta etapa y también en las anteriores, es que también dependerá de tu nicho. Si tu nicho está compuesto mayoritariamente por mujeres, está bien que cuentes historias cargada de emociones, porque las mujeres son más emocionales que los hombres. Pero si tu nicho está conformado mayormente por hombres, entonces cuida el uso de emociones, porque puede explotarte en la cara. Mi mejor consejo es que seas **genuino**. Si no te gusta contar emociones, no lo hagas. Y punto.

Una vez que cuentes el clímax, pasas a la sexta y última etapa: el **Desenlace**.

El Desenlace es la última etapa y corresponde a la vida del héroe después que haya logrado su objetivo. No es necesario que sea el día después que logró su meta. Pueden ser meses o quizás un año después. Como en la etapa anterior, es importante que describas con detalle cómo es su vida después. Cuando lo describas, incluye las personas que están alrededor del héroe y que son parte de esa nueva vida. En dónde está (si es que se ha mudado a otro lugar). Qué tan parecida es esa vida con aquella que el héroe soñaba. Si es mejor de lo que esperaba, inclúyelo en la historia. Si eres específico con todo lo anterior, estarás enviando una señal al subconsciente de tu audiencia que dice:

Así podrás transformar tu vida si compras mi producto. Éste puedes ser tú.

La vida después del héroe debería coincidir siempre de forma general — y no necesariamente 100% exacta — con el sueño que tiene tu audiencia. Con esto quiero decir que seguramente cada individuo de tu público no tenga exactamente el mismo sueño, pero sí tienen todos un sueño bastante general en cada nicho. En el nicho de la artritis, el sueño general es eliminar los dolores y tener la vida que tenían antes. En el nicho de ganar masa muscular para hombres flacos, el sueño general es ganar músculos y verse más grandes.

De todos modos...

No quiero que me malinterpretes. Con esto no estoy diciendo que lo que debas describir en esta etapa sea algo general. Todo lo contrario. Como expliqué más arriba, debes ser lo más específico posible. Sólo de esta forma vas a poder despertar emociones. Sin embargo, en esta etapa no necesariamente debes recurrir a las emociones de tu héroe, es decir, describir todas las emociones que siente. Pero puedes despertar emociones en tu audiencia si **"muestras"** en vez de "contar", como lo hacen los novelistas.

Aquí tienes un ejemplo de "mostrar":

Permíteme dibujar la escena...

Vas en un auto... con las ventanas bajas. Música agradable se está reproduciendo en el fondo... ni muy alta... ni muy baja. Justo el volumen adecuado para relajarte.

Mueves los dedos suavemente al ritmo de la música mientras disfrutas de los cálidos rayos del sol.

La Venta Invisible #118

Tu conductor te está llevando exactamente a donde necesitas estar. Todo lo que tienes que hacer ahora es... relajarte y adaptarte a ese clima increíble.

El aire se siente cálido y acogedor. Te sientes energizado por la brisa fresca y el leve olor del océano cercano.

Lo inhalas lo más profundo que puedes...

Y te detienes. Sientes que algo falta... te sientes... más liviano podríamos decir.

Por primera vez en mucho tiempo, te das cuenta que... la ansiedad que tenías en casa...

Esa constante ansiedad sobre la economía... el estado actual del país… las facturas por pagar... el desempleo... el aluvión constante de cosas por las que "deberías" preocuparte, según los principales medios de comunicación...

Sea lo que sea...

Parece que está a miles de...

No...

Mejor a millones de kilómetros de distancia.

Y cada vez te alejas más y más de aquello.

JuanSchukin.com

La Venta Invisible #119

Esas noches de vueltas en la cama sin poder dormir... son ahora un recuerdo lejano.

Dejas que todo eso desaparezca de tu mente... y sonríes.

"Llegamos", dice el chofer, pareciendo tan emocionado como tú por la situación.

Te acercas a mirar... y allá abajo en la playa alcanzas a ver lo que será tuyo a partir de ahora.

Ves tu nueva casa sobre la playa en la distancia. Y ahora escuchas con más claridad el océano y las olas chocando contra la arena.

La emoción que sientes comienza a notarse cada vez más al darte cuenta de que...

Es real. Y esto es sólo el principio. Te congelas de la emoción.

Vuelves a mirar hacia abajo. Una vista panorámica se abre debajo de ti. Te quedas asombrado por la belleza.

Olas en el mar que se moverán por siempre... hermosas casas... gaviotas buscando comida en la playa... colinas y acantilados a lo lejos...

Puedes ver todo.

JuanSchukin.com

Es como si el mundo entero se ha abierto solo para ti.

Miras a tu familia. Ellos te miran a ti. Sin pronunciar una sola palabra… mientras mueves las llaves de tu nueva casa entre tus dedos… todos entienden que han llegado al paraíso.

Y tú al fin alcanzaste tu sueño: trabajar desde tu casa con tu negocio en internet desde la playa.

Lo hiciste.

Y esas son las 6 etapas del storytelling para contar una historia en el marketing.

Sin embargo…

Antes de terminar con el storytelling y pasar a la siguiente arma invisible del marketing, todavía hay más que debo compartir sobre el arte de contar historias.

Y es que…

Toda historia que hayas leído alguna vez tiene una determinada…

Temática

Lo puedes encontrar en las películas, en las obras literarias, en las obras de teatro. En todo aquello que contenga una historia. Y eso es exactamente lo que debes hacer cuando escribas tu propia historia: elegir una temática y desarrollarla para atrapar al lector. Toda historia que hayas visto en una película o leído en un libro siempre recurre a una temática que ya has visto o leído varias veces en el pasado. La única diferencia es que suelen cambiar los personajes y la situación en la cual se desarrolla esa temática.

Veamos cuáles son las diferentes temáticas que existen. Pero antes, quiero advertirte que doy ejemplos en algunas de estas temáticas y suelen ser largos. Pero al dar estos ejemplos no estoy sugiriendo que tu historia debe ser así de larga (no lo recomiendo). Simplemente te doy ejemplos que he encontrado para que entiendas cómo se aplica la temática, pero eso no significa que tu historia debe ser tan larga como verás en algunos ejemplos. Y si no te interesa leer los ejemplos, simplemente te los saltas.

El Underdog

En una historia con esta temática, el héroe es aquel personaje común y corriente del que nadie espera absolutamente nada. Si bien la temática se llama Underdog, algunas veces suele llamarse también Underdog al personaje de una historia con esta temática. Si es una historia relacionada con deportes, el héroe es aquel personaje del cual los demás jugadores se burlan de él ya que es un fracasado en ese deporte en cuestión. O, si no es un deporte que se juega en equipo, el público no espera nada de él, como el personaje de Sylvester Stallone en Rocky. Aunque Sylvester Stallone también fue un underdog en la vida real, y gracias a su creación (Rocky), pasó de ser un Don Nadie a uno de los actores mejores pagos de Hollywood. Esta temática también está representada en la historia de David vs. Goliat en la Biblia. Como ya sabes, David era un hombre pequeño y no tenía aspecto de guerrero. En cambio, Goliat era un "gigante" con una fuerza increíble, y por lo tanto, David no tenía ninguna chance de ganarle en combate. Sin embargo, David fue más inteligente que Goliat y lo derrotó con una simple piedra.

Pero...

Otro ejemplo es Chris Gardner, el personaje interpretado por Will Smith en la película "En busca de la felicidad". Este es un típico caso del Underdog que triunfa. Es una historia real que cuenta la vida de un hombre que ha perdido todo, excepto a su hijo. No tenía dónde vivir. No tenía trabajo. Y su esposa lo había abandonado a él y a su hijo. La historia comienza mostrándonos cómo Chris había gastado todos sus ahorros en la compra de unos equipos médicos para venderlos. Y así poder mantener a su esposa y a su hijo. El único problema es que Chris nunca averiguó si alguien estaba interesado en comprar esos equipos. Y por lo tanto las ventas no estaban generando el dinero que él esperaba. Debido a esto último, su esposa lo abandona (y a su hijo). Y luego Chris decide volverse un agente de bolsas y consigue un trabajo sin paga en una empresa de valores por seis meses. El trabajo en realidad era un programa de capacitación para luego, aprobado los exámenes, poder entrar a trabajar definitivamente allí. Mientras tanto, debía sobrevivir vendiendo los equipos de medicina que nadie quería comprar. Y con muchos otros inconvenientes en el camino. Finalmente, luego de pasar por innumerables complicaciones durante esos seis largos meses, Chris rinde los exámenes correspondientes. Y luego es llamado por sus jefes para notificarle que ha sido seleccionado para trabajar en la empresa. Allí es cuando vemos una expresión de felicidad plena en el rostro de Chris, mientras suelta un par de lágrimas y les demuestra su agradecimiento a sus jefes. Sale del edificio y comienza a caminar entre la multitud como siempre lo ha hecho, pero con la única diferencia de que ahora está agradecido de estar allí. Camina con la frente bien alta. Con una gran euforia. Y podemos escuchar su voz en segundo plano pronunciando estas palabras: "esta parte de mi vida... esta pequeña parte... se llama felicidad".

La Venta Invisible #123

Y es que…

Muchas personas se han conmovido con esta película porque todos queremos ver triunfar al Underdog. Es una historia de determinación, perseverancia y trabajo duro. Una historia que nos reafirma la idea de que, si trabajamos duro el tiempo suficiente, finalmente podremos alcanzar cualquier objetivo que nos hayamos propuesto. Este tipo de historias siempre tienen éxito entre el público, ya que siempre solemos vernos a nosotros mismos como el Underdog. Siempre tendemos a menospreciar nuestras habilidades y a sentir que estamos solos luchando contra el mundo. Por esa razón queremos ver triunfar al más débil por sobre el más fuerte, ya que eso quiere decir que todavía hay esperanzas para nosotros. Muchas historias en el marketing suelen acudir al Underdog. Veamos un pequeño ejemplo de la carta de ventas de un curso llamado "Culturismo sin tonterías", que no tengo idea si se seguirá vendiendo…

> **Hola. Mi nombre es Vince DelMonte. Y cada palabra que estás a punto de leer es la pura verdad.**
>
> **Toda mi vida fui flaco. Era tan flaco que cuando estaba creciendo me apodaron "Flacucho Vinny" durante toda la preparatoria. Lo único que quería era ser grande y musculoso. Pero, sin importar lo que intentara, seguía siendo igual.**
>
> **Flacucho. Huesudo. Débil. Es decir, no tenía nada de masa muscular.**
>
> **Lo que hizo que las cosas se pusieran peores fue cuando entré a la universidad y mis cuatro compañeros de cuarto eran**

La Venta Invisible #124

EXTREMADAMENTE MUSCULOSOS. Estoy hablando de abdominales bien definidos…

La intimidación era intolerable.

Quería lo que ellos tenían. Sin embargo, sin importar lo que intentara, no podía ni de cerca conseguirlo.

Al igual que tú, leí todas las revistas… y despilfarré miles de dólares en suplementos inútiles. Veía a mis amigos conseguir a todas las chicas, mientras yo pasaba las noches matándome SOLO en el gimnasio.

Y aun así… me veía como un flacucho y pequeño corredor y mi vida social no existía.

Por lo tanto… me di por vencido. Creí que todos tenían razón. Estaba destinado a ser "Flacucho Vinny".

Sin embargo, seguía deseando hacer lo mejor que se pudiera con este cuerpo flacucho y pequeño con el que había sido maldecido. Dado que había sido hecho como un corredor… me volví corredor.

Más que eso. Me volví triatleta. Tú sabes… esos chicos eficientes que corren, nadan y andan en bicicleta. Efectivamente, no era fisicoculturismo, pero por lo menos era algo.

JuanSchukin.com

La Venta Invisible

De hecho, me volví bastante bueno. Incluso representé al equipo nacional en las competencias. Pero aun así no era lo que yo quería.

Entonces un trágico evento me sacudió...

Ese día cambió lo que yo era... y lo que estaba destinado a ser.

Ese solo evento me transformó de "Vinny El Flaco" a tener un cuerpo duro de clase internacional y a ser el Campeón Canadiense de Modelo Fitness.

Ese fatídico día me ayudó a convertirme en uno de los preparadores físicos más buscados de la nación.

Ese momento terrorífico me ayudó a tener toda la atención femenina que jamás había imaginado.

El accidente al azar que provocó que fuera conocido como el "Salvador de los Flacos..."

Cuando te diga cómo sucedió, quedarás asombrado.

Como puedes ver, el autor cuenta qué tan fracasado era debido a su condición de flaco extremo y todas las desgracias por las que tuvo que pasar antes de convertirse en un fisicoculturista.

Romeo y Julieta

Otro tipo de temática es aquel que sigue una historia similar al de Romeo y Julieta. Es decir, una historia en la cual un hombre y una mujer se enamoran, pero por alguna razón no pueden estar juntos. Por lo general hay algo que está prohibido y esa es la principal razón por la cual no pueden estar en pareja. Lo prohibido podría ser que pertenecen a diferentes clases sociales, o a una raza (etnia) diferente, o podría estar sucediendo que las familias de la pareja están enfrentadas.

Este tipo de historias se ha visto muchas veces en las películas.

Un claro ejemplo lo es Titanic, de James Cameron. Jack era un humilde y joven artista. En cambio, Rose era una chica cuya familia tenía mucho dinero. A pesar de ello, Rose se enamora de Jack, pero el hombre con quien ella está comprometida (Caledon) les hace la vida imposible para que no puedan estar juntos. Después logran evadirlo, pero finalmente la muerte de Jack les impide vivir ese amor que sentían uno por el otro. Otras películas con temática parecida pueden ser "¿Conoces a Joe Black?" con Brad Pitt y "The Notebook". La razón por la cual funcionan estas historias es porque siempre lo que está prohibido nos atrae. El ser humano se siente atraído hacia aquello que no debería tener o no puede tener.

Pero…

No he encontrado ningún ejemplo sobre esta temática en alguna carta de ventas u otra pieza de marketing. Sin embargo, he decidido nombrarla porque es una temática que atrae mucho la atención y quizás puedas usarla si se ajusta a las necesidades de tu producto. Si funciona a la perfección en el cine, provocando éxitos de taquilla, es muy probable que funcione también en el marketing.

El escape

En este tipo de temática, tu personaje se encuentra atrapado, ya sea física o metafóricamente hablando. Por lo general, cuando se hace marketing, se suele utilizar lo segundo. El personaje puede estar atrapado en un trabajo aburrido y estresante. O en una vida desgraciada. O en un matrimonio en el cual no es feliz. El héroe será el personaje que se encuentra atrapado porque tu prospecto debe identificarse con él. El héroe es la víctima que al final de la historia romperá las "cadenas" que lo apresan y se liberará.

Por lo general, este tipo de temática se desarrolla en tres partes.

En la primera parte, el personaje obviamente se encuentra atrapado. Al principio intentará hacer algo para escapar, pero no tendrá éxito. En la segunda parte, el personaje se dará cuenta que su libertad dependerá solamente de él y de nadie más. Por lo tanto, comienza a trabajar en su estrategia para lograr liberarse de sus cadenas. Y finalmente, en la tercera parte, la historia muestra cómo alcanza su libertad y el enemigo es derrotado. En las historias usadas en el marketing, el enemigo podría ser el gobierno. O el sistema actual que nos mantiene atados a un trabajo infeliz. O cualquier otra cosa que sea conveniente para la trama.

Para entender mejor cómo funciona, veamos un ejemplo sobre la ley de la atracción o Secreto, que he obtenido del sitio web heathermanifestation.com.

Hay algunas cosas que necesitas saber acerca de quién soy. Y por qué el Secreto funciona tan bien para las personas que lo usan.

Es muy personal. Sin embargo, es la única manera en que puedo compartir la verdad acerca de este increíble secreto contigo. Así que permíteme comenzar.

No siempre fui una coach motivacional y una experta en aumentar la energía vital del cuerpo. De hecho, hace solo unos pocos años atrás, estaba viviendo dos vidas.

Una mujer que, vista desde afuera, parecía tenerlo todo: un gran trabajo donde ganaba más dinero que todos sus amigos, una feliz relación con un apuesto y joven emprendedor exitoso, una nueva casa en una gran zona de la ciudad, amigos, una buena vida social, buena salud.

Ahora, toma a esa misma mujer y ponla bajo una medicación para la ansiedad y la depresión, hazla trabajar 60 horas a la semana, ponle algunas arrugas entre sus ojos a causa del ceño fruncido todo el tiempo...

... hazla despertarse cada mañana con una profunda sensación de ansiedad y dolor en los músculos de la mandíbula por rechinar los dientes toda la noche, hazla preocuparse acerca de su peso y pasar cada fin de semana sintiéndose cansada y agotada...

... entrégale una deuda de 18 mil dólares y una relación que parece feliz pero que se cae a pedazos de tanto estrés y cero alegrías. Esa mujer era yo tan solo hace 12 meses atrás.

Tenía un trabajo decente y trabajaba duro. De chica me enseñaron que las cosas buenas les llegan a aquellos que se rompen el trasero trabajando. Y que las oportunidades vienen disfrazadas de trabajo duro.

Así que eso fue lo que hice. Trabajé. Luché. Pero por dentro todavía sentía como que algo faltaba. Algo de vital importancia que no podía identificar porque no importaba lo mucho que trabajara, simplemente no podía avanzar.

No quería ser Donald Trump. Pero estaba harta de trabajar como esclava para ganar hasta el último centavo. Estaba cansada de entregar el mil por ciento en el trabajo todos los días y me molestaba profundamente el no poder deshacerme del estrés laboral y las preocupaciones de dinero que azotaban mi cabeza todas las noches.

Y lo que más me volvía loca era el hecho de mirar alrededor y ver a otras personas trabajando menos que yo, pero aun así teniendo más cosas.

Un ejemplo lo era Megan, mi jefa en aquel momento. Ella tenía tres empresas. Y cualquiera pensaría que debería trabajar 80 horas a la semana como una esclava.

Sin embargo, mientras yo trabajaba los fines de semana hasta la noche tarde, ella apenas parecía trabajar. De hecho, ella en realidad parecía disfrutar de la vida. El dinero y la felicidad simplemente parecían fluir hacia ella. Y siempre parecía tener más que suficiente.

Se sentía tan injusto. Intentaba no ser resentida. Pero no podía evitar preguntarme cómo es que algunas personas están viviendo vidas de abundancia mientras que yo me estoy esclavizando para ganar algunas migajas.

No quería ser millonaria o vivir como una loca heredera como Paris Hilton. Pero es que simplemente sentía que no era justo que me sucediera eso.

Así que un día me acerqué a mi jefa después del trabajo y le rogué que me dijera su secreto. Ella se rio y me dijo: "Heather, no me creerías si te lo dijera."

Pero esta oportunidad que tenía no la iba a dejar pasar. Tenía que saber cuál era su secreto así podía usarlo en mi vida de la misma forma en que ella lo usaba en la suya. Así, finalmente con una leve sonrisa me dijo: "Espera aquí."

Fue hasta su oficina, revolvió en un cajón y volvió con un libro. "Es bastante famoso. Seguramente has escuchado sobre él", me dijo refiriéndose al libro.

El libro era sobre la ley de la atracción y cómo usar el poder de la manifestación para obtener la vida que quieres.

Luego me dijo: "Heather, lo único que debes hacer es leer este libro de principio a fin y hacer exactamente lo que dice."

Ahora, soy por naturaleza una persona muy escéptica y definitivamente no tengo tiempo para cosas místicas e imaginar que todo va a salir bien. Pero qué tengo que perder me dije. Así que leí el libro y luego seguí las instrucciones paso a paso.

Pasaron tres meses. Luego seis meses. Estaba siguiendo todas las instrucciones al pie de la letra. Sin embargo, nada sucedía. Y cada día estaba más y más estresada mientras que otros alrededor mío se volvían ricos haciendo menos trabajo.

Fui con mi jefa y le dije: "Megan, hice lo que me dijiste y no está funcionando. ¿Qué estoy haciendo mal?" Ella me hizo un par de preguntas para asegurarse de que lo esté haciendo bien. Y cuando terminamos, Megan estaba desconcertada. "No sé por qué no está funcionando", me dijo. "Lo siento Heather. Sinceramente no sé. Quizás necesites esforzarte más."

Sentí que mi cabeza iba a explotar de la frustración que sentía, porque estaba siguiendo las instrucciones perfectamente. Sin embargo, aún no me estaba funcionando.

En mi corazón sabía que estaba muy cerca. Sabía que el poder de la manifestación podría funcionar si lo hacía de la forma correcta. Pero por alguna razón no era capaz de conectar las piezas del rompecabezas y hacerlo funcionar para mí.

Así que pregunté a otras personas que sabía que eran fans de la ley de la atracción. Encontré muchos seguidores de este libro. Me asombré cuando descubrí que muchos de ellos sentían lo mismo que yo.

Ellos también habían creído en la ley de la atracción. Ellos también habían hecho todo lo posible para que funcionara para ellos. Ellos también habían invertido tiempo de sus vidas esforzándose en visualizar, meditar y trabajar para tener éxito. Ellos creían de todo corazón en el poder del universo para cambiar sus vidas para mejor.

Sin embargo, al igual que a mí, nada había cambiado para ellos. Ellos también sintieron que eran unos tontos. Se sintieron decepcionados. Estafados. Y un poco amargados, sintiéndose vacíos por dentro.

Sentía que había llegado a un callejón sin salida. Así que con desesperación, redoblé mis esfuerzos para trabajar duro, ahorrar mucho y llegar a fin de mes.

En el fondo sentí que ésta no era la forma de salir adelante y alcanzar la vida que realmente quería. Sin embargo, no sabía qué otra hacer. Había llegado a mi límite con este tema de la ley de la atracción. Había hecho todo lo que esos malditos gurús decían. Y no había logrado nada.

Sin embargo, muy en el fondo creo que seguía esperando en secreto por un milagro. Seguí estancada varios meses.

Luego, una noche de un miércoles de octubre todo cambió. Estaba tomando café en una tranquila cafetería con mi buen amigo Luke, un experto en desarrollo personal.

Recurrí a Luke porque tiene una gran capacidad para ayudar a las personas con sus problemas y ver dónde está el origen de tales problemas.

Le dije: "Luke, estoy muy cansada de intentarlo. Estoy trabajando muy duro y sin embargo aún no he logrado casi nada. Me he rendido completamente con todo este asunto de la ley de la atracción. En mi caso no está funcionando. Y no sé qué otra cosa hacer para cambiar mi vida. ¿Qué estoy haciendo mal?"

Luke me respondió: "Heather, tuviste la idea equivocada desde el principio. La ley de la atracción es real. Estás en lo cierto sobre eso. Pero hay algo de vital importancia que no estás haciendo. Siempre has creído que mientras más duro trabajes, mejor la recompensa. Te esfuerzas y ahorras para obtener pequeñas recompensas...

... Piensas que la ley de la atracción es sobre esfuerzo y trabajar bastante duro. No te sucede solo a ti. Lo he visto con muchos de mis clientes. Sin embargo, mira alrededor tuyo. Las personas que más trabajan duro por lo general se quedan con lo mínimo. Y aquellos que pueden usar el poder de la manifestación pueden hacer magia con sus vidas."

Luke tomó un trago de su cerveza y me miró directo a los ojos: "La verdad es que has estado luchando toda tu vida. Trabajas muy duro y mira hasta dónde te ha llevado. Trabajas más y tienes menos que muchas personas que hacen menos que tú...

... La verdad es que muchos de esos expertos que tienen éxito con la ley de la atracción son simplemente Naturales. Ellos lo logran sin siquiera darse cuenta que están usando la ley de la atracción. Pero personas como tú y yo somos diferentes. Necesitamos el ingrediente mágico que los Naturales ni siquiera saben que lo tienen."

"Si realmente crees eso, ¿por qué no me lo dijiste antes?", le dije enojada. "Me estuve rompiendo el trasero trabajando. Me maté esforzándome lo más que podía para hacer funcionar esta estupidez de la ley de la atracción. Así que, si sabes algo, no entiendo por qué diablos no me lo dijiste antes."

Yo estaba realmente enojada. ¿Por qué me estaba ocultando algo como eso? Pero luego se acercó, agarró mi mano y la apretó suavemente:

"Si te lo hubiera dicho antes, no lo habrías entendido. Primero tenías que intentarlo a tu manera y probar que esforzarse, estresarse y trabajar para lo que deseas no te lleva a ninguna parte...

Pero si te lo digo ahora, realmente me escucharás. Ahora estás lista para hacer lo que funciona porque has intentado todo lo demás. Entonces, si puedes prometerme que estás lista para dejar todo lo que creías saber sobre lo que realmente se necesita para usar el poder de la manifestación correctamente y si realmente estás lista para comenzar a obtener lo que realmente quieres, entonces esto es lo que necesitas hacer."

Se tomó unos 10 minutos y me explicó todo. Sinceramente sentí que estaba hablando con alguien que lee la mente. Lo que me estaba diciendo era tan simple, sin embargo sentí que podría funcionar y, por primera vez en mi vida, comencé a ver lo que había estado haciendo mal y cómo estas "cosas de la abundancia" realmente podrían funcionar para mí.

Luke se concentró exactamente en lo que había estado haciendo mal con la ley de la atracción. Explicó por qué hice lo que hice. Explicó por qué los consejos de los expertos casi nunca funcionan para personas comunes como tú y yo. Explicó lo que había pasado por alto. Por qué me lo había pasado por alto. Y lo más importante, me dijo lo único que necesitaba hacer para que todo comenzara a funcionar para mí de la manera que yo quería y que también necesitaba.

Todo se reducía a una simple técnica psicológica que pocos conocen, y mientras él hablaba, instintivamente sabía que esta técnica funcionaría en cualquier situación.

Es lo único que necesitas para atraer lo que más quieres en la vida. Y cuando sabes cómo tener el poder de esta ley de tu lado, puedes construir tu propia vida.

Esta increíble técnica de Luke fue honestamente lo mejor que me pudo haber pasado, porque enseguida supe exactamente lo que tenía que hacer. Instintivamente lo entendí y con una oleada de energía y emoción, de repente no podía esperar para poner en práctica mis conocimientos recién descubiertos.

Inmediatamente comencé a usarlo en secreto en mi vida y me sorprendió lo rápido que empezaron a suceder las cosas. Primero comencé a usarlo en las cosas pequeñas.

Luego comencé a usarlo en las cosas grandes y no podía creer lo rápido que todo comenzó a cambiar para mí. Empecé a experimentar el éxito como nunca antes

Instintivamente, las situaciones que siempre me habían parecido difíciles simplemente encajaron. Las soluciones, la gente, el apoyo y el dinero que necesitaba acababan de aparecer en mi vida, casi tan fácil como recibir cheques por correo.

Este secreto funcionó siempre casi sin falta. Y con cada nueva oportunidad y buena decisión que se me presentaba, mi poder para manifestar lo que quería se hacía cada vez más fuerte.

Finalmente sentí que todas las puertas se estaban abriendo en mi vida, puertas que una vez creí que estaban cerradas para siempre.

Intuitivamente, sabía que había descubierto una enorme fuerza universal invisible, la mayor fuente de poder de la historia. Y por primera vez, el dinero y la abundancia comenzaron a llover en mi vida.

Y toda mi vida se transformó en algo completamente mágico. Mis amigos y mi familia comenzaron a notar algo diferente en mí.

Al principio no pudieron entender lo que estaba sucediendo. Pero finalmente ya no pudieron contenerse: "¿Qué te pasó, Heather?" Me preguntaron. "¿Cómo estás haciendo todo esto? ¿De dónde viene todo este dinero? ¿Qué está pasando contigo?"

Sé que el ejemplo ha sido muy largo. Pero era necesario para que puedas notar las tres partes que debe contener una historia con la temática de escape. En la primera parte, Heather describe lo miserable que es su vida e intenta "escapar" pidiéndole ayuda a su jefa y aplicando la ley de la atracción. Pero no tiene éxito y vuelve a su vida normal para seguir trabajando duro. En la segunda parte de la historia, ella toma la firme decisión de que depende solo de ella escapar. Así que decide volver a intentar, esta vez con la ayuda de Luke. Y en la tercera parte, Heather describe cómo aplicando esa técnica mágica logró escapar de su vida miserable y atraer todo aquello que quería.

El rescate

Los rescates suelen captar la atención de todo el mundo. Lo hacen cuando se quiere rescatar personas atrapadas luego de un derrumbe. Y no solo cuando se trata de personas, sino también de animales. Las historias ficticias relacionadas con rescates, como el príncipe que debe rescatar a la damisela en peligro (aunque las feministas radicales lo detesten), venden muy bien porque son historias que a la gente les gusta leer o ver en películas. En temas de marketing, el rescate se puede usar cuando quieres vender un producto para:

- Recuperar la figura de antes

- Recuperar la salud perdida

- Salvar un matrimonio que se está derrumbando

Si te estás preguntando por qué están relacionados con la temática del rescate, es porque las personas en esos nichos están intentando recuperar aquello que habían perdido. De hecho, esta temática me permitió empezar a ganar mis primeros mil euros o dólares mensuales con mi negocio de bajar de peso como afiliado.

La Venta Invisible

El siguiente es un ejemplo que encontré en la página web terojodetox.com, el cual ya no existe más pero probablemente se puede acceder desde archive.org. El personaje de esta historia intenta recuperar su figura de antes y que la había perdido a causa de un embarazo.

La historia es así (advierto que es muy larga, así que pasa las hojas si no la quieres leer):

> La culebra venenosa estaba mirándome directo a mis ojos. Sostuve el aliento. No me moví un centímetro. Estaba petrificada. Recordé estar pensando:
>
> "¿Por qué arriesgué mi vida por esta taza de té?"
>
> Pensé que mi vida estaba a punto de llegar a un final muy repentino y doloroso.
>
> La serpiente estaba chasqueando su lengua hacia mí. Sacudió su cola. Fue entonces que saltó...
>
> Cuando desperté, estaba rodeada por una tribu africana. Estaban tocando extrañas melodías que yo jamás había escuchado antes. Algunos de ellos me estaban cuidando.
>
> Finalmente, el Chamán de la tribu me dio la taza de té que cambiaría mi vida para siempre.
>
> Hola, soy Liz Swann Miller.

Como profesional experta en pérdida de peso, estaba avergonzada y frustrada por el peso que había ganado después de un dificultoso y complicado embarazo. Sin importar las técnicas probadas que haya aplicado, no podía librarme de los kilos y de esa obstinada y excesiva grasa.

Me sentía como una extraña en mi propio cuerpo, atrapada en un caparazón que ni siquiera podía reconocer. La peor parte es que parecía que no podía hacer nada para recuperar mi vida normal.

Estaba decepcionada y avergonzada y más sola como nunca antes había estado. Me sentía completamente indefensa.

Todo eso cambió cuando tomé un avión hacia África y descubrí el delicioso té que me hizo quemar la grasa del cuerpo de manera rápida y fácil, sin sentir hambre.

Ahora, debes leer este artículo completamente hasta el final porque, hoy voy a entregarte esta revolucionaria y antigua receta.

Esta receta me condujo a la pérdida de grasa que cambió mi vida. He bajado 7 kilos en tiempo récord. Luego seguí perdiendo 14 increíbles kilos extra.

Eso es más de 20 kilos perdidos y todo gracias a una bebida fácil, natural y milagrosa.

La Venta Invisible #140

Todo fue gracias a una extraña leyenda que me había contado un compañero de estudios sudafricano durante un intercambio universitario cuando era joven, una historia que contaba sobre un delicioso té rojo descubierto por una tribu en Kenia en el remoto desierto que lo bebía para detener la sensación de hambre.

La leyenda decía:

"Un Chamán africano poseía una antigua receta para preparar un delicioso té rojo tan poderoso que producía una ilimitada energía en quien lo tomara — sin sentir sed y sin hambre."

Esto sonaba loco e inmediatamente me sentí absolutamente desesperada para descubrir la verdad. ¿Podría este té rojo realmente hacer que alguien nunca sintiera hambre?

No puedes comprar esta mezcla de té en la tienda porque todavía es un secreto. De hecho, yo soy la primera persona en América en traerlo de África y si no hubiese salido viva de la jungla, hoy no estarías oyendo sobre esto.

Puedes beber este té para desintoxicar tu cuerpo y sacarte de encima 5, 10, 15, 20, 25 kilos o más, como lo he hecho yo. La diferencia en mi cuerpo fue realmente sorprendente. He perdido 10 Kilos en unas pocas semanas.

Después de años de lucha, finalmente había encontrado la solución que estaba buscando. No más dietas fracasadas. No más culpa o remordimiento.

JuanSchukin.com

La Venta Invisible #141

Con cada kilo que perdía, estaba más feliz. Un paso más cerca de mi "yo" anterior. ¡Entraba nuevamente en mis jeans ajustados!

Puedes verme definitivamente sonriendo, más esbelta de lo que estuve en años —justo en esta foto del último domingo en una barbacoa familiar.

Sin el poder quemador de grasas de este misterioso té, no puedo imaginarme dónde estaría hoy. Me salvó la cordura, me salvó la salud y lo mejor de todo, salvó mi matrimonio. Esto ha cambiado mi vida por completo.

Es por eso que estoy tan emocionada de darte esta receta secreta de té rojo responsable de eliminar 20 kilos en un abrir y cerrar de ojos.

Verás, mi último embarazo me pasó factura. Después de múltiples complicaciones me pusieron en reposo prolongado. Malgastaba el 80% de mi día inmóvil en una cama y me vi forzada a renunciar a la vida activa que tanto amaba.

¿Puedes imaginarte estar atrapado en un cuarto por semanas y semanas? ¿Impidiéndote continuar con tus pasatiempos, tus pasiones y con todo lo que verdaderamente te conecta con la vida? Ese era mi mundo.

Me convertí en perezosa. Me sentía cansada todo el tiempo. Desarrollé placer por los dulces y perdí absolutamente el control de mi peso.

La Venta Invisible #142

Honestamente me sentía disgustada conmigo misma, y aunque mi esposo fue un gran apoyo diciéndome que no le importaba cómo lucía, en el fondo yo sabía que ya no se sentía atraído físicamente por mí. Yo ya no era la persona de quien se había enamorado.

Finalmente, entendí que era hora de hacer un cambio y decidí enfrentar el desafío. A regañadientes me subí a la balanza y para mi disgusto, vi que había aumentado 20 kilos.

No lo podía creer. Sabía que mi peso se me había ido de las manos, pero no tenía idea que era tanto. No podía enfrentar el mundo. Me volví a la cama y pasé el resto del día llorando a lágrima viva.

Si tú alguna vez has aumentado muchos kilos de peso y sentiste que tu cuerpo estaba fuera de control, sé cómo te sientes. Realmente puedes sentirte impotente y sin esperanzas. Afortunadamente, sé que hay una solución que funciona porque yo lo he logrado gracias a esta receta y además es rápida, fácil y sabe exquisita.

Lo mejor de todo, he perdido cada uno de esos obstinados 20 kilos... ¡para siempre!

Por eso, podrás entender por qué estaba tan deseosa de volar hacia África e internarme en la jungla para descubrir esta misteriosa receta.

La Venta Invisible #143

Recuerda, nada funcionaba para mí hasta que encontré esta receta antigua de té rojo que detiene el hambre y extermina las células grasas.

En este preciso momento te estarás preguntando por qué nadie ha escuchado antes sobre este té.

La respuesta es increíblemente simple.

De hecho, la tribu entera llegó a pensar que yo estaba loca cuando les dije que quería perder peso. No es parte de su cultura preocuparse por perder peso así que ni siquiera se dieron cuenta de que estaban guardando un secreto que todos en mi país morían por tener en sus manos.

Antes de darte la receta del té rojo, me gustaría compartir contigo los desgarradores detalles de mi aventura africana en la vida real y cómo la búsqueda del té rojo "quita hambre" restauró mi salud, revitalizó la intimidad en mi matrimonio y en más de una ocasión, casi me muero del susto.

Todo comenzó cuando mi esposo y yo reservamos un vuelo a África, siguiendo el rastro de este antiguo té rojo.

Lo más increíble de todo fue que no solo encontré esta receta del té rojo "quita hambre" de este chamán africano, sino que también esta receta tiene la acción de reducción de grasas más notable que he descubierto en 15 años de viajar por el mundo como investigadora.

JuanSchukin.com

He visto algunos resultados de pérdida de grasa realmente alucinantes, pero este té rojo es, con mucho, la cosa más impresionante e increíble que he descubierto.

También descubrí que estos 5 ingredientes únicos del té rojo están científicamente probados para engañar a las células de grasa rebeldes para que se abran, obligarlas a liberar la grasa y limpiar años, si no décadas, de grasa no deseada.

Lo cierto es que este té ha cambiado mi vida. Antes de descubrirlo, me sentía cansada, frustrada y realmente sin esperanza todo el tiempo.

Estaba siempre hambrienta. Anhelaba alimentos y bebidas azucaradas. Estaba teniendo problemas para tratar de mantener mis niveles de azúcar en la sangre.

Si bebía un par de tazas de café para despertarme, me sentía nerviosa y acelerada. Inclusive si había dormido 8 horas completas por la noche, me sentía necesitada de una siesta a las 2 de la tarde.

Cuando escuché este bizarro rumor sobre el té rojo para detener el hambre, estaba en mi peor momento. Tenía más de 20 kilos de sobrepeso.

Así que comprenderás por qué estaba tan extremadamente ansiosa por encontrar algo más. Sabía que, si podía controlar mi hambre con él, podría perder el peso que deseaba fácilmente.

Es por eso que me sentía tan ansiosa, incluso desesperada, que estaba dispuesta a volar hasta África para descubrir si esta leyenda era cierta.

Después de llegar a la remota aldea africana donde comenzaríamos nuestro viaje, las primeras dos noches fueron horribles.

Sentí cómo el intenso calor de África me sofocaba. Estaba tan increíblemente caluroso que apenas podía respirar. Inclusive estaba al borde de desvanecerme cuando nuestro traductor nos dijo que... ¡al final de nuestro viaje se pondrá aún más caluroso!

Me despertaba sudorosa, cubierta de picaduras de mosquito y me sentía horriblemente mal. Las temperaturas diurnas llegaban a más de 50 grados y había muy poca sombra.

Si conseguía encontrar un poco de sombra para sentarme, gruesos enjambres de moscas negras mordedoras me atacaban brutalmente.

Al final del viaje, estas desagradables moscas negras habían adquirido un especial gusto por mí y estaba cubierta de manchas rojas que picaban como loca.

Y esto fue de mal en peor... mucho peor.

Cuando finalmente estábamos cerca de la remota tribu que guardaba la receta del té rojo, nuestro guía nos mostró el camino que teníamos que subir, que era el único camino ascendente.

Era el camino más empinado y peligroso que jamás había visto en mi vida. No podían haber sido menos de 15 pisos de rocas sinuosas y dentadas, todo trazado por una sola enredadera verde tan gruesa como mi brazo.

Para empeorar las cosas, tenía comezón, estaba agotada y estaba luchando por mantenerme en pie.

Nuestro guía pegó un salto hacia el camino. "¡Es fácil!", gritó por encima de su hombro mientras se subía por el sendero usando una espesa enredadera verde.

Yo, por otro lado, me quejaba, con excusas para darme la vuelta. Al mirar hacia mi esposo, vi un rayo de esperanza. Esperaba que hubiese algo esperándonos a ambos por esa colina. Esperaba que eso acabara y salvase nuestro matrimonio.

No podía pegar la vuelta. No esta vez.

A medida que subíamos y subíamos las colinas, mis músculos ardían y mi cuerpo dolía. ¡Nunca me había esforzado tan duramente en mi vida!

Finalmente, a punto de colapsar por la extenuación, tuve que tomar aliento. Ese fue el momento en el que la gigante serpiente roja decidió tomarme como su cena.

Se dio cuenta de que no estaba en condiciones de escaparme. Mi esposo trató de tirarle una roca, pero lo único que logró fue enfurecerla aún más. Sacudió su cola y me miró directo a los ojos.

Se abalanzó sobre mí, todo se volvió negro y lo último que recuerdo fueron sus enormes colmillos brillando bajo el sol africano.

Cuando desperté, lo que para mí parecía una vida entera, estaba rodeada por caras que no reconocía. Busqué en todas ellas una respuesta, pero ellos sólo respondían en un lenguaje que sonaba antiguo y que no podía reconocer.

Fue en ese momento que vi a mi marido y el guía abriéndose camino entre la muchedumbre y una ola de alivio cayó sobre mí. Traté de ponerme de pie, pero estaba todavía muy débil.

El guía me dijo que después del ataque de la gigante serpiente, mi marido saltó sobre el reptil solo con sus manos, lo agarró por la mitad y, después de una lucha intensa, lo tiró por sobre el borde del acantilado. Fue por lejos la cosa más valiente que jamás había visto, me dijo el guía con una sonrisa.

Miré a mi marido y él me miró. Compartimos un momento que jamás olvidaré. Fue entonces que comprendí que debía mejorarme. Por mí misma y por él.

Entonces uno de los aldeanos me trajo una taza llena con el té por el cual había viajado tanto para beber.

Después de probarlo, supe que había valido la pena el viaje. Desde el instante en que comenzó a atravesar mi cuerpo, pude sentir cómo energizaba mis células, inyectándome nueva vida en cada miembro.

Mi agotamiento se esfumó casi al instante y me sentí renovada, revitalizada y lista para enfrentarme al mundo.

Este té rojo fue increíblemente refrescante, y durante los muchos días que lo bebí nunca tuve hambre.

Esta bebida común del pueblo eliminó por completo mi adicción a los refrescos azucarados. Aparte del agua, era la única bebida que bebían los aldeanos. Lo cual, me dijeron, era la razón por la cual las mujeres eran tan esbeltas.

Después de unos días de estar tomando este té, me di cuenta que estaba sudando menos.

Mi respiración era más ligera y fácil, a pesar del intenso calor africano, el cual muchas veces rozaba inclusive los 65 grados.

A pesar de ello tuve que escalar una maciza colina todos los días para llegar a la aldea. Definitivamente tenía más energía como nunca antes.

Comencé también a dormir mejor, levantarme descansada, fresca y totalmente dispuesta para enfrentar el nuevo día.

Inclusive comencé a sentirme más relajada y calmada (a pesar de tener que luchar con todas esas moscas).

Pensaba más claramente, me sentía más fuerte y finalmente viendo el mundo como debía ser visto. Mi estrés había prácticamente desaparecido y la ansiedad que usualmente plagaba mi vida se había ido completamente.

Finalmente era feliz. Lo mejor de todo, mi excesivo peso se estaba yendo de mi cuerpo.

Día tras día, veía cómo me volvía más esbelta, fuerte y, lo más importante, sin sentir esa urgencia por comer a pesar de que estaba quemando calorías a un ritmo explosivo.

De hecho... ¡perdí casi 10 kilos!

Ese té rojo obligó a mi cuerpo a perder esa frustrante grasa. Fue entonces cuando supe que no estaba loca por hacer este viaje a África. De hecho, fue la mejor decisión de mi vida.

Más importante aún, tuve que traerme este secreto conmigo para poder compartir su poder transformador con personas como tú.

Ahora... he aquí las malas noticias:

Los aldeanos protegían la receta del té rojo y la valoraban como si se tratara de oro puro.

Era una parte sagrada de su forma de vida y no solo a cualquiera se le permitía descubrir sus misterios. Solo los verdaderamente iniciados podrían aprovechar su poder.

Le pregunté a Rose, mi nueva amiga del pueblo, si amablemente nos daría la receta.

Ella dijo: "Lo siento, pero no puedo darte la receta. Solo el Chamán de la aldea puede hacerlo. Solo él tiene el poder de confiarte la antigua receta."

Para llegar a este Chamán, el camino una vez más iba a ser traicionero. Tuvimos que caminar por quince millas y subir un camino aún más pronunciado a varios cientos de pies de altura.

Allí, en el borde del acantilado más alto, es donde pude encontrar al Chamán del pueblo

Lo peor de todo, era que el sendero no estaba cubierto por árboles y el sol hirviente casi nos derretía, así que Rose nos dijo que la única forma en que podríamos sobrevivir a la caminata era viajando en la frescura de la noche.

Ahora, seré honesta contigo. Caminar a través de la mata africana en la plena oscuridad, rodeados de leones, panteras, hienas, docenas de especies de serpientes venenosas y arañas, fue lo más aterrador que jamás haya vivido. Después de todo, ya había tenido un encuentro con la muerte. ¡Estaba segura de que no quería otro!

Pero me sentí obligada a continuar. Sabía que esta receta cambiaría las vidas de miles. Traería esperanza a tantas personas que estaban perdidas, confundidas y buscando desesperadamente una salida a un estilo de vida que no solo no era saludable, sino que probablemente ese estilo de vida, a la larga, acabaría matándolas.

Después de experimentar los increíbles efectos de este té mágico de primera mano, supe que no me iría de este continente sin él.

Aun así, tenía miedo. Quince millas es un camino muy largo especialmente en el campo oscuro con solo unas pocas antorchas de luz.

¿Qué podía hacer? ¿Renunciar? No lo creo.

Después de varias horas y unas doce millas de caminata constante, me estaba cansando. El aire húmedo, la oscuridad envolvente y el agotamiento del difícil camino me alcanzaron y, tras un paso en falso, tropecé.

Caí de lado en un agujero arenoso y húmedo. Después de luchar para levantarme y fallar, comenzó el pánico. Me estaba hundiendo, y me estaba hundiendo rápidamente.

Uno de nuestros guías estaba cerca y rápidamente se apresuró. Intentó sacarme. ¡Pero la fuerza de la succión era demasiado!

Luego desapareció de vuelta entre los arbustos. ¿Estaba huyendo? ¿Así era como todo terminaría para mí? ¿Asustada, sola y literalmente tragada por las arenas africanas?

Luego el guía emergió de los árboles otra vez, sosteniendo un gran manojo de palos y ramas. Los colocó frente a mí en la parte superior de la arena en un camino que salía de la trampa mortal...

"¡Ahora! ¡Sal de ahí! ¡Es la única forma!"

Empujé hacia abajo en el camino que se abría delante de mí, con todas mis fuerzas. Me esforcé, grité, y trabajé con todo mi ser.

Finalmente, salí de una muerte segura solo por pura fuerza de voluntad. Una vez que salí de ese pozo mortal, el guía me agarró del brazo y me arrastró a un lugar seguro.

"¡Un mal lugar para caer!", se rio. "¡Arenas movedizas!"

Y seguía riéndose.

Yo, en cambio, no me estaba riendo. Mis piernas temblaban. Estaba agotada. Después de mi segundo roce con la muerte, estaba aterrorizada. ¿Realmente vale la pena arriesgar mi vida por esta receta?

Entonces fue cuando tomamos un descanso. Los aldeanos nos sirvieron un poco de té rojo mientras descansábamos.

Sabía delicioso. Me detuvo el hambre y me dio la energía para continuar, incluso después de caminar kilómetros y enfrentar una muerte casi segura.

Degustar el té de nuevo me convenció de que no estaba loca. Debía obtener esta receta. Además, estaba muy cerca de obtenerla. Tenía la fuerza y las energías repuestas. Después de todo, ¡mira lo lejos que había llegado!

Después de algunas millas más, por fin habíamos llegado.

A medida que llegábamos a la casa del chamán, un crujido constante y rítmico resonaba sobre el acantilado. Vivía en una choza solitaria adornada con una variedad de esculturas, herramientas y hierbas. Cuando finalmente salió de la tienda, nos miró a todos con una intensidad que nunca había visto antes.

Inmediatamente nos inclinamos en señal de respeto. Uno por uno le ofrecimos nuestros tradicionales regalos en un ritual ceremonioso, tal como nuestros guías nos habían enseñado a hacer antes que llegáramos.

Uno por uno todos nos encontramos con su mirada estoica e indiferente. Fue entonces cuando Rose le dijo al Chamán el por qué estaba aquí y para qué había venido.

Cuando vi su reacción, sin embargo, no necesité un traductor para darme cuenta lo que estaba diciendo.

¡Se negó a darme la receta!

Estaba destrozada. Todo mi sacrificio, todo mi trabajo para llegar a este punto, fue en vano. ¡Arriesgué mi vida para llegar aquí!

¿Iba a regresar con las manos vacías? ¡Me negué a eso!

Así que le conté al chamán acerca de todo por lo que había pasado, las innumerables millas que había recorrido, la caminata agotadora hacia la aldea, el ataque de la víbora mortal y las arenas movedizas. Rose trató de sostener bien la traducción y comparó mi entusiasmo con el suyo.

Cuando finalmente terminé de relatar nuestra odisea, clavó su mirada en mis ojos durante lo que me pareció una eternidad, su rostro sin emociones y en blanco, pero sus ojos buscando.

De repente, el chamán se rio. Fue una risa sorprendentemente alegre. Hizo un gesto para que me acercara.

Puso un cuenco antiguo en mis manos con hojas rojas secas, gritó hacia el vacío sobre el acantilado y trazó una especie de símbolo sobre mi cabeza.

Ante eso, el Chamán se apartó de nosotros y comenzó a moler hojas rojas nuevamente con ese mismo ritmo constante, dejando el cuenco de ingredientes en mi mano.

Mientras caminábamos por el sendero, Rose se detuvo y me llevó aparte. Me susurró al oído: "Hay una razón por la que estamos en un acantilado."

¿Estaba a punto de ser sacrificada por tomar este té?

Rose se dio cuenta de que yo estaba terriblemente asustada, por lo que rápidamente me explicó.

"Guardamos el té rojo en la cima de este acantilado para que nadie lo pueda encontrar. No entiendes lo importante que es esta receta para nuestra tribu. Debes haber impresionado realmente al Chamán."

La abracé. Le agradecí por el precioso regalo.

Mientras caminábamos de regreso al pueblo, Rose me contó acerca de la historia antigua del té rojo. Dijo que los aldeanos lo bebían para sentirse "sin-hambre" cuando estaban cazando. Las mujeres lo bebían para mantener la energía durante todo el día para ayudar a cuidar a todos sus hijos.

Fue entonces cuando Rose me llevó a una choza especial para hacer té. Allí ella me mostró cómo hacer este delicioso té rojo.

La receta era simple y fácil de preparar. Una sola ración preparada nos duró todo el día.

Mi esposo y yo bebimos un poco y nos dio la energía que necesitábamos para celebrar esa noche nuestro descubrimiento y reavivar nuestro matrimonio.

Cuando terminaron los dos meses, me di cuenta de que me había desintoxicado de una gran cantidad de alimentos procesados y llenos de químicos que mi médico me decía que comiera.

Abandoné mi hábito a los refrescos dulces sin siquiera intentarlo. Lo aún más sorprendente es que después de que mi esposo y yo pasáramos dos meses bebiendo este delicioso té rojo varias veces al día, perdimos peso fácilmente.

¡Yo he perdido más de 20 kilos y él casi 18! Nos dio a ambos la energía que necesitábamos para tener intimidad otra vez, y para decirte la verdad, ¡nuestra vida sexual nunca había sido mejor!

Aún más importante es el hecho de que ambos estamos mucho más conectados. Somos más abiertos, honestos y felices juntos como nunca antes.

A medida que nuestros cuerpos se volvieron más saludables, también lo hicieron nuestras mentes. Finalmente pudimos apreciarnos el uno al otro tanto como merecíamos. ¡Nunca hemos estado más cerca!

Perdimos más peso bebiendo este té rojo como nunca antes que con cualquier otra dieta. Lo curioso es que ha sido fácil de hacer porque nunca sentimos hambre.

Solo tomamos el té rojo. Cuando lo hacíamos, sentimos una oleada de energía que duraba todo el día.

¡Así que esta antigua leyenda sobre un té "sin hambre" era absolutamente cierta!

¡Finalmente habíamos encontrado algo que funcionaba!

He eliminado ciertas partes de la historia porque las consideré innecesarias, y aún así quedó bastante larga. Creo que la historia es bastante exagerada. Y te aconsejo que tengas cuidado con esto, ya que las personas podrían pensar que la historia es falsa… tal como yo lo hice cuando terminé de leerla (y probablemente lo es).

En fin…

Pasemos a la siguiente temática.

Rivalidad

La temática de la rivalidad surge cuando dos personas están compitiendo por el mismo premio. Y solo uno puede ganar. Lo cual implica que el otro debe perder. La rivalidad es algo que llevamos en nuestros genes. Desde la prehistoria, nuestros antepasados competían entre sí para ver quién era el mejor cazador. O competían para quedarse con la mejor mujer. Hoy en día, la rivalidad no está presente solo en el deporte, sino que lo está también en la vida cotidiana. El hombre aún sigue compitiendo para quedarse con la mujer más atractiva. O tanto el hombre como la mujer compiten en el trabajo para ser ascendidos. O dos empresas compiten para quedarse con la mayor cuota de mercado.

En las historias ficticias, esta temática por lo general se la representa como la rivalidad entre el bien y el mal:

- Harry Potter vs Voldemort

- He-Man vs Skeletor

- Charles Xavier vs Magneto

- Batman vs el Joker

Los dos personajes siempre suelen empatar cuando se enfrentan, ya que no tendría sentido para la trama que uno ganara apenas comience la competencia. No es necesario que ambos tengan las mismas fortalezas. Es decir, quizás un personaje tiene más músculos que su adversario. Pero el otro quizás es más astuto. Y así se igualan sus fortalezas.

Además…

En este tipo de historias, debes explicar cuáles son las fortalezas y debilidades de cada uno. Y por qué razón están dispuestos a enfrentarse. ¿Es por reconocimiento? ¿Para superarse a sí mismo? ¿Por venganza? Y para generar tensión en el lector, el protagonista debe perder y su contrincante ganar. Y luego invertir los roles para que tu protagonista sea quien gane. La forma en que el protagonista ganará, será a través de tu producto.

La cacería

La cacería o persecución también se da entre dos personas, tal como sucede con la temática de rivalidad. Uno de los personajes será el "cazador" y el otro será el "perseguido". La temática de la cacería en las historias ficticias suelen ser cacerías de verdad. Por ejemplo, en una historia de terror, el cazador podría ser un demente con una motosierra en una cabaña abandonada persiguiendo a una chica indefensa, la cual debe esconderse para evitar su terrible destino. En cambio, en las historias usadas en marketing para vender tus productos, obviamente no podemos usar ese tipo de historias. En marketing, por lo general, la temática de la cacería se suele usar en nichos como el de la seducción. Está claro que en el juego de la seducción el hombre debe "perseguir" a la mujer que quiere conquistar. Y la mujer a su vez disfruta del juego de ser la "perseguida", quien hará de este juego un poco difícil para prolongarlo y que no sea tan sencillo el resultado esperado, ya que así se siente deseada. Es importante recalcar lo último mencionado. La cacería no debe ser tan sencilla. Es decir, el resultado que el lector espera debe prolongarse un poco y que no se produzca demasiado rápido. Sino, la historia no tendría el suspenso necesario para atrapar al lector en la lectura. La temática de la cacería funciona muy bien porque es algo que suele estar en nuestros genes. El antepasado del ser humano debía cazar para sobrevivir. Y aún hoy sigue siendo parte de nosotros. Es parte de la naturaleza humana querer aquello que no podemos tener o aquello que es difícil de obtener. Y es una de las razones por las cuales esta temática suele atraer al lector.

En las historias donde se representa la temática de la cacería, suele haber tres etapas.

La primera etapa es aquella donde se presenta los dos personajes y se da a conocer quién será el cazador y quién será el perseguido. Y el lector deberá saber qué es lo que quiere ganar el héroe como resultado de la cacería. La segunda etapa es aquella donde se representa la cacería. El cazador intenta alcanzar a su presa y ésta lo elude. En esta etapa, el desarrollo no debe ser tan sencillo. Siempre intenta mantener el suspenso. Una forma de hacerlo es describiendo cómo el cazador está a punto de tener a su presa en sus manos, pero por alguna razón esta se le escapa repentinamente. Tu historia no debe ser tan predecible. Sin embargo, la presa nunca debe alejarse tanto de su cazador. Sino no existirá tensión en tu historia. Luego, la tercera etapa de la cacería es el desenlace. En esta etapa, el cazador (el héroe de la historia) se queda con la presa. Y lo logra gracias a que usó el producto que tienes intenciones de vender.

A continuación, tienes un ejemplo (bastante inverosímil y casi humo) de la temática de la cacería para el nicho de la seducción. Este ejemplo fue extraído del libro "Seducción Elite".

Conocí a Natalia y a su mejor amiga Eva unos cuantos meses atrás en una noche de fiesta, y en seguida me fijé en Natalia.

La primera vez que la vi me impresionó tanto por su físico como por su estilo y forma de vestir. Pero al cabo de unos cuantos minutos hablando y conociéndonos, me impresionó también por su forma de ser.

Natalia es una chica independiente que trabaja al mismo tiempo que estudia, es muy espontánea, bastante impredecible y tiene un sentido del humor muy especial.

Definitivamente me gustaba. Sí, pero también noté muy rápidamente que no era ese tipo de chicas que se enrollan con chicos que acaban de conocer, o al menos eso es lo que me decía mi calibraje.

Así que aquella primera noche solo traté de divertirme con ella y el resto. Eso sí, me volví a casa con su número de teléfono con intenciones de usarlo otro día.

La verdad es que durante la semana siguiente no la llamé, pensaba hacerlo pero entre unas cosas y otras lo fui retrasando. Hasta que una noche, mientras estaba cenando en casa con una amiga sonó el teléfono, un mensaje de WhatsApp. Era ella.

Natalia: Hola, ¿qué tal?

Alejandro: Muy bien, ¿y tú?

Natalia: También.

(Unos cuantos minutos de silencio)

Alejandro: Creía que querías decirme algo, ¿o solo te apetecía saludarme?

Natalia: Ambas cosas, jejeje. ¿Dónde sales este viernes?

Alejandro: Este viernes iré a Vanila, ¿Os venís?

Natalia: Sii

He de reconocer que no me lo esperaba, muchas veces apunto números de teléfono que luego nunca utilizo y acaban llamándome ellas (o escribiéndome por WhatsApp), pero nunca pensé que me pasaría esto con Natalia. Yo sabía que la llamaría más pronto que tarde, pero ella se me adelantó.

Volvimos a vernos ese mismo viernes en la discoteca Vanila, esta vez vino con Eva y dos amigas más. Corroboré lo que pensé el día que nos conocimos: Natalia no era una chica fácil, sin lugar a dudas.

Si quiso quedar conmigo y mis amigos fue porque lo pasamos muy bien el día que nos conocimos, y esta vez fue igual. Les presenté a nuevos amigos que no conocieron la primera vez y lo volvimos a pasar genial.

Durante la noche tuvimos varios momentos de confort, y aunque mi calibraje me decía que debía ser paciente para avanzar, al final de la noche, analizando lo que había pasado, supe que el momento del beso llegaría antes o después.

Y llegó.

Volvimos a quedar para salir de fiesta, aquel día vino con Eva, como siempre, y también con una amiga que venía acompañada por su novio y un amigo de éste. Yo quedé con unos cuantos amigos, entre ellos David del Bass, que me hizo abrir los ojos en un momento clave de despiste.

Desde el principio, noté que aquella noche era distinta, nuestras conversaciones avanzaban de forma en la que nunca lo habían hecho hasta ese momento. El kino igual. Y yo que soy muy de juego indirecto, empecé a mostrar interés claro hacia ella, cosa que no parecía desagradarle en absoluto.

A mitad de la noche supe que había llegado el momento que tanto había esperado pacientemente. Había llegado el momento de arriesgar, pero antes tenía que aislarla de sus amigos.

Mientras se me ocurría alguna forma de aislar a Natalia, algo en principio bastante complicado teniendo en cuenta que desde el día que nos conocimos nunca la había visto separada de Eva, pasó algo inesperado.

Un tío entró a Natalia y empezó a ligar con ella. Es algo que nunca me había preocupado, ya que siempre que salíamos juntos varios tíos intentaban ligar con Natalia y con Eva, y ellas normalmente los despachaban rápido, parecían bastante expertas en dar bazucazos, sobre todo a los tíos que les entraban de forma muy directa.

Pero aquella vez no fue así. Natalia estaba dando demasiada coba a aquel chico, y yo estaba empezando a inquietarme.

En ese momento David me dijo que se iba. Estaba a punto de lanzar una bomba de humo con una chica con la que se había estado enrollando y que ahora le estaba preguntando si las podía acercar a su casa, a ella y a la amiga.

Así que le acompañé al guardarropa mientras le comentaba la jugada. Le expliqué que Natalia estaba ligando con un tío delante de mis narices, justo después de haberme dado señales claras para que avanzara.

La respuesta de David fue tajante y me hizo abrir los ojos:

"Alejandro por favor... ¿No te das cuenta de que es un test?"

¡Joder! A estas alturas de la vida y cometiendo errores como un principiante. ¡Claro que era un test! Y si no lo era, ¿por qué me tenía que afectar? En ese momento me vino a la cabeza la famosa frase del seductor americano Tyler Durden: "Ignora todo lo que la mujer haga o diga que no ayude con el proceso de seducción".

Así que me despedí de David y me fui a comprobar si de verdad Natalia me estaba lanzando un test y yo me lo estaba comiendo con patatas. Al llegar al grupo, en lugar de ir con Natalia, me acerqué a Eva.

Empezamos a hablar y a divertirnos. Y saqué el tema de un chico que había querido ligar con ella unos minutos antes. Eva no se dio cuenta, pero mientras hablábamos de cómo aquel chico había intentado ligar con ella y yo reproducía la acción, Natalia nos miraba, y lo que parecía desde fuera o estaba haciendo parecer, es que era YO el que estaba ligando con Eva en ese momento... ¡Bingo!

A los pocos minutos Natalia perdió todo interés en el chico que estaba intentando seducirla. Pasó olímpicamente de él y se acercó a nosotros para preguntarnos con una risita nerviosa: "¿De qué habláis?" ¡Juas!

¿El colmo de mi suerte? Que el chico que estaba ligando antes con Eva me vio en plan cariñoso con ella y en el momento que nos separamos al llegar Natalia, aprovechó para volver a la carga e intentarlo de nuevo, él tampoco quería perder su oportunidad.

Así que, con Eva ocupada con ese chico y el resto de amigos desaparecidos, había llegado el momento, tenía que aislar a Natalia.

Saqué inocentemente un tema de conversación del que habíamos hablado al poco de llegar. Le dije que sí, que "Cómo conocí a vuestra madre" es una de las series más divertidas que había visto, y que me gustaba también "Friends". Ella me preguntó sobre qué otras series me gustaban, a lo que yo respondí: "El Mentalista."

Alejandro: ¿Sabes qué es un mentalista?

Natalia: No, ¿qué es?

Alejandro: Es una persona que puede adivinar cosas sobre ti o sobre tu pasado a través de tu energía...

Mentira, pero esa definición era la que me venía al pelo en ese momento.

Alejandro: Yo soy un poco mentalista, ¿sabes?

Natalia: A ver, ¿puedes adivinar algo sobre mí?

Nunca falla, siempre pican el anzuelo jejeje.

Alejandro: ¡Claro! Acompáñame que aquí hay mucho ruido.

La cogí de la mano y fuimos a la otra punta de la discoteca. Había conseguido aislarla. Era la primera vez que se separaba de su amiga y se le notaba inquieta. Cuando llegamos a la otra barra y nos paramos, echó una mirada hacia atrás para no perder de vista a Eva.

Alejandro: Para leer tu mente necesito que me des tu mano.

Cuando hagas una lectura en frío, por la forma en la que ella te dé la mano puedes calibrar las posibilidades que tienes de besarla. En este caso, Natalia estaba un poco tensa, pero pronto se iba a relajar.

Alejandro: A ver... empiezo. Te gustan las gominolas y dormir hasta tarde.

Era verdad y yo lo sabía.

Natalia: ¡Claro! Si eso ya lo sabes... A ver, sigue...

Alejandro: Sigo, mm... De pequeña querías tener un pony, pero en lugar de eso tus padres te regalaron una tortuga. Un día te encontraste a la tortuga muerta, medio devorada por las hormigas y eso te causó un trauma, de ahí tu comportamiento un poco extraño...

Natalia: Jajajaj... ¿Eso te lo ha dicho Eva?

¿Había acertado? A día de hoy todavía no lo sé, pero los dos nos reímos mucho.

Alejandro: A ver, dame la otra mano, que ésta parece un poco mentirosa...

Y en ese momento cambio el tono, la acerco un poco más a mí, la miro a los ojos intensamente y le digo: "Tienes un buen sentido del humor, pero siempre llevas las cosas al plano lógico. Eres una chica bastante lógica y son contadas las veces que te dejas llevar por tus emociones."

Natalia: Mmm no sé, puede ser.

Se queda pensativa.

Alejandro: Y no sé si te lo habrán dicho ya, pero tienes ciertas expresiones en tu cara y reacciones de sorpresa como de niña pequeña e inocente. Eres de esas personas que se parecen bastante a cuando eran niñas y eso te da un punto espiritual y soñador. Además, no sé si lo sabes, pero dicen que las personas así, tienen potencial de líderes... Pero ojo, no digo que tú lo seas, solo digo que suele ser así...

Natalia: Jajaja oyeee...

En el clavo. Natalia era la líder de sus amigas, era evidente, y le gustó que me diera cuenta. También le hizo gracia la frase final.

Alejandro: Y luego hay algo que me dice que hay una parte de ti que desea ser dirigida y sentirte protegida en las manos de alguien. Como que tienes miedo a perder el control y opones mucha resistencia al principio, pero te encanta cuando te dejas llevar...

Natalia: mmm vale... Tenías razón, eres bueno... ¿Y el futuro también lo puedes adivinar?

Alejandro: ¿El futuro? Sí, claro. Lo que pasa es que tengo un problema adivinando el futuro...

Natalia: ¿Cuál?

Alejandro: Como tengo poca práctica, solo puedo adivinar el futuro muy cercano. Solo puedo adivinar lo que estará pasando de aquí a un minuto en el futuro ¿Lo probamos?

Natalia: Sí, claro...

Natalia está como en trance, totalmente concentrada en nuestra conversación y abstraída de cualquier cosa que pueda pasar a su alrededor.

Hace varios minutos que no sabe nada de Eva, pero no le importa. En ese momento vuelvo a acercarme un poco más a ella, la miro a los ojos y le digo...

Alejandro: Dentro de un minuto en el futuro, vamos a estar tú y yo en este mismo sitio... besándonos...

¡Bomba! En ese momento Natalia empieza a reírse, se pone roja como un tomate. No se lo esperaba.

Alejandro: En serio, nunca me equivoco. Quedan 30 segundos...

Sigue riéndose, pero en ningún momento me suelta la mano.

Alejandro: Cinco, cuatro, tres...

Deja de reírse. Se acerca poco a poco a mí. Detengo la cuenta atrás. Nos miramos fijamente a los ojos. Miro sus labios. Vuelvo a mirar sus ojos. Reanudo la cuenta atrás.

Alejandro: Dos, uno...

Y nos besamos.

Mentalismo. Adivinar el futuro... Recuerda que las historias deben sonar creíbles para que tu marketing e historia tengan éxito. Mejor pasemos a algo más interesante (y creíble): la temática del misterio.

Misterio

El misterio es una de mis temáticas preferidas. Es otra temática donde lo que predomina es la intriga y el suspenso. Las novelas policíacas como las de Agatha Christie se caracterizan por el uso del misterio. Se dice que el estilo de escritura de Agatha Christie puede generar en el cerebro de los lectores altos niveles de serotonina y endorfinas, lo que induce a la satisfacción y al placer. Eso es lo que provoca el misterio. En el marketing, básicamente lo que se hace es introducir una paradoja al principio para despertar el interés del lector y sobre todo su curiosidad. Por lo general, esa paradoja se da a conocer en el título. O sino en el primer párrafo. Te voy a dar un par de ejemplos para que entiendas a qué me refiero con esto:

- ¿Por qué los más grandes, más fuertes, más altos y más malos luchadores de cinturón negro están absolutamente aterrorizados de desafiar a este luchador de artes marciales mixtas de mediana edad de Arizona?

- ¿Cómo ganar dinero con tus tarjetas de crédito?

- Descubre por qué un doctor en medicina dice "No he tomado un vaso de agua en 20 años..."

- ¿Cómo hace este médico de 69 años para tener el cuerpo de alguien de 30?

Como puedes ver, son todos ejemplos donde lo que predomina es el **contraste**. El primer título pertenece a una carta de ventas de John Carlton. Y el contraste está en que los mejores luchadores del mundo y los más fuertes no deberían por qué temerle a otro luchador que es más viejo que ellos.

Por lo tanto…

Cuando escribas tu historia utilizando esta temática del misterio, el héroe de tu historia debe buscar cómo resolver un enigma con el cual se ha encontrado. Y al resolverlo, logrará alcanzar su objetivo, el cual debería ser el mismo que tu audiencia. Además, tu lector también intentará resolver ese enigma a medida que se adentra en la historia.

La temática del misterio puede tener tres fases…

En la primera fase se presentan los personajes involucrados en la historia y se da a conocer algo extraordinario que otra persona ha logrado y que el personaje principal intenta descubrir cómo lo ha hecho. La segunda fase es aquella donde el héroe o personaje principal estudia las pistas que ha encontrado para resolver el enigma, como sucede en las novelas policíacas. Y en la tercera fase se revela la solución al enigma.

Veamos un ejemplo sencillo que inventé para que entiendas un poco mejor cómo hacerlo.

¿Cómo Hace Este Marketer Para ser un Súper Afiliado y Ganar 30 Mil Dólares Mensuales Vendiendo tan Solo Reportes a un Dólar Cada Uno?

La Venta Invisible

Hace un año me hice gran admirador de un marketer del mercado anglo que siempre está creando reportes cortos con buena información pero que los vende a tan solo un dólar.

Un día me pregunté cómo hace este marketer para sobrevivir de esa forma. Ha mostrado sus ganancias a sus seguidores (como yo) y me quedé con la boca abierta cuando vi que gana aproximadamente 30 mil dólares al mes.

Este marketer solo hace negocios en el nicho de ganar dinero por internet. Por lo tanto, sé los productos que vende. Y son solo aquellos productos que vende a un dólar. Entonces... me pregunté... ¿cómo está haciendo para ganar tanto dinero?

Después de tanto investigar... ¡El mes pasado descifré su modelo de negocio!

¡Wow! Tengo que admitir que este tipo es realmente un genio. Y también muy hábil con los códigos ocultos HTML que nadie ve al navegar una página web.

Aunque no te asustes, porque lo que yo descubrí no necesita de ningún estudio avanzado de programación. Ya lo verás. Se trata tan solo de copiar y pegar.

Pero me ha sorprendido lo hábil que ha sido para llevar a cabo este modelo de negocios encubierto. Nos está vendiendo delante de nuestras narices... ¡y no nos estamos dando cuenta!

LA VENTA INVISIBLE #173

Hace 3 meses atrás empecé a espiar a este súper afiliado. Tenía que tener un secreto... y estaba dispuesto a encontrarlo cueste lo que cueste.

Empecé a investigar detalladamente sus reportes que vendía a un dólar. Me di cuenta que en cada uno de esos reportes recomendaba muchos productos y sobretodo servicios que necesitamos para hacer negocios por internet, como un servicio para enviar emails masivos. O también llamado autoresponder.

Claro... estos deben ser links de afiliado, me dije a mí mismo. Pero estaba totalmente equivocado. Ninguno de esos links eran links de afiliado. Es decir, que él no estaba generando ninguna ganancia con las compras que yo hacía de cada uno de los servicios que él me recomendaba. ¿O sí?

No lo entendía. ¿De dónde provenía todo ese dinero entonces? ¿Cómo lo estaba haciendo?

Investigué y pensé mucho al respecto. Hasta que llegué a la siguiente conclusión: seguramente genera miles de visitas a sus sitios web y la conversión es muy alta debido al precio tan barato al cual vende sus reportes.

Yo no tenía forma de espiar su tráfico web. Pero tenía que ser eso. Así que deduje que, para ganar 30 mil dólares mensuales, debía estar llevando 60 mil visitas al mes, considerando una conversión del 50%.

La Venta Invisible #174

Yo también podía hacer lo mismo, pensé. Podía vender reportes a un dólar escritos por mí. Simplemente necesitaba un sitio similar a este marketer. Y tenía que crear anuncios en Google o en Facebook para conseguir ese tráfico.

Un día le pedí a un amigo programador que me diseñe un sitio web similar a los sitios que usa este marketer.

"Sí, claro", me dijo. "Es muy fácil. Solo debo copiar el código y luego cambiar las imágenes y los colores".

Un día mi programador me envió una foto del código fuente del sitio web del marketer y me preguntó: "¿Tienes idea qué es ese código?"

No podía creer lo que estaba viendo. Jamás lo hubiese descifrado por mi cuenta. Este marketer era más astuto de lo que yo pensaba.

Tenía delante de mis ojos la forma exacta con la cual estaba ganando sus 30 mil dólares mensuales casi por arte de magia... sin "vendernos" absolutamente nada.

No se trataba de generar mucho tráfico a sus sitios. Todo lo contrario. Podía generar esos 30 mil dólares con poco tráfico.

Lo que sucedió a partir de ese día, cambió mi vida para siempre y la forma en que estaba haciendo negocios por internet.

JuanSchukin.com

Todo se reducía a un simple código que debía insertar en mi sitio web. Y nunca nadie se podría dar cuenta de ello.

Si bien inventé esta historia, me basé en algo que hacía mil años atrás para vender los productos que promocionaba como afiliado de Clickbank. Seguro que has escuchado que a las personas les fascina comprar, pero no les gusta que les vendas. Bueno, sabiendo eso, jamás usaba links de afiliado para enviar a las personas a las cartas de ventas, simplemente porque las personas podían identificar los links de afiliado. Te estarás preguntando… ¿cómo mierda entonces ganaba dinero? En realidad, sí usaba los links de afiliado, pero estaban ocultos en el formato HTML en modo de imagen. Así, cuando la persona ingresaba a mi web, se cargaba la imagen con el link de afiliado y ya se grababa la cookie en su navegador. Y cuando hacía clic en el link (de no afiliado) y compraba, lo hacía con la cookie ya grabada en su navegador y la comisión iba para mí. Si quieres intentar hacer algo parecido, no tengo idea si sigue funcionando, ya que no me dedico más al marketing de afiliados.

Ahora sí, pasemos a la siguiente temática…

Tentación

La temática de la tentación puede ser usada en marketing para iluminarle el camino a tu audiencia y hacerle entender que las decisiones que ha estado tomando son erróneas y que el único camino a seguir es tu método (producto o servicio). Supongamos que estás en el nicho de bajar de peso. El método que quieres vender es uno que no promete resultados rápidos como los demás métodos del mercado. Tu sistema es superior porque las personas podrán empezar a adelgazar de forma sostenida y sin efecto rebote. Todo lo contrario a lo que sucede con los métodos de tu competencia, los cuales algunos de ellos recomiendan pastillas o licuados de empresas conocidas (Herba-algo) para bajar de peso. Y que son de dudosa eficacia. Así, las personas que han probado esos sistemas, lo único que han logrado es perder su dinero y tiempo probando un método que parecía milagroso pero que en realidad no funciona en la vida real. Y lo que quieres lograr con la temática de la tentación es abrirle los ojos a las personas para que elijan tu método por sobre los demás al demostrarles que lo único que obtendrán son consecuencias negativas si eligen los demás. Esos otros productos (tu competencia) son la tentación que tu audiencia debe evitar. Aunque no necesariamente tienes que hablar de los métodos que vende tu competencia. Si pensamos en otros ejemplos no relacionados con el nicho de bajar de peso, la tentación también puede referirse a la procrastinación. O a pedir dinero prestado al banco con el riesgo de perder la casa. O a engañar a la pareja porque la relación no está funcionando bien.

Por lo tanto…

Si tu audiencia ya ha caído en la tentación, deberás recordarles cómo se sintieron cuando aparecieron las consecuencias negativas. Quizás deberás recordarles la vergüenza que sintieron. O el dinero o el tiempo que pudieron haber ahorrado eligiendo un método que sí funciona. Ya sea que tu audiencia haya o no caído en la tentación, vas a usar a tu héroe para que tu audiencia se sienta identificada con sus sentimientos. Deberás lograr, a través de tu héroe, que se sientan culpables por la decisión que han tomado en el pasado (si cayeron en la tentación, obvio). Y de esta forma se darán cuenta que tu método es la única solución.

La historia que vas a contar tiene tres fases.

La Venta Invisible #177

La primera fase comienza relatando cómo tu héroe cayó en la tentación. Debes contar por qué decidió caer en la tentación en vez de seguir el camino correcto, sabiendo que podría dar lugar a consecuencias negativas. ¿Tuvo momentos de debilidad? ¿No supo cómo afrontar la situación que tenía por delante y eligió el camino más fácil? La segunda fase es aquella donde empiezas a relatar las consecuencias destructivas que ha tenido en tu personaje la decisión de caer en la tentación. Debes mostrar cómo se está hundiendo cada vez más en la miseria por sus malas decisiones. Y la tercera fase es aquella donde el héroe resuelve todos sus problemas. Quizás podrías decir que apareciste tú en su vida y le mostraste el camino a seguir para salir de esa horrible situación en la cual se había metido. Y ese camino que le mostraste está explicado en tu producto (si vendes información), o es tu mismo producto.

A continuación, te presento un ejemplo de la temática de la tentación en el nicho de bajar de peso. Como es un ejemplo que lo inventé para darte un ejemplo, prometo que será relativamente corto.

> Marina había venido a mi consultorio hace seis meses porque estaba desesperada por bajar de peso. Y estoy escribiendo hoy estas palabras para que no caigas en la misma estafa.
>
> Marina tiene 25 años. Y cuando acudió a mí estaba desesperada. Estaba pasando por un momento de depresión muy fuerte.
>
> Eso la llevó a cambiar sus hábitos: empezó a comer comida chatarra y pasaba gran parte de su tiempo acostada mirando televisión.

JuanSchukin.com

Eso, sumado al estrés por el cual estaba pasando, hizo que ganara 17 kilos de sobrepeso.

Le dije que lo ideal en su caso era empezar una dieta equilibrada y empezar a realizar actividad física. Como no le gustó mucho mi recomendación, me preguntó si podía tomar pastillas para adelgazar. Según ella, había escuchado que funcionan rápido para bajar de peso.

Inmediatamente le dije que jamás tomara pastillas para adelgazar, porque podría suceder que baje de peso rápido pero después ganaría el peso perdido... y podría causarle un gran daño a su salud y le llevaría más tiempo recuperarse.

Lamentablemente no quiso escucharme. Se fue del consultorio y me dijo que lo iba a pensar. Yo, en cambio, ya sabía lo que iba a suceder.

Marina, un día en el supermercado, estaba esperando en la cola y escuchó que una mujer le decía a otra:

"Con estas pastillas adelgazas rapidísimo. Además, esta marca la conoce todo el mundo y mejoran tu nutrición".

Porque no quiero que esta empresa me ponga una denuncia, prefiero omitir el nombre de la marca.

A Marina le llamó la atención lo que decía la mujer. Y le preguntó por las pastillas de las que hablaba.

La Venta Invisible #179

La mujer era muy simpática y parecía que sabía de lo que hablaba. Según la mujer, ella misma había perdido 8 kilos en 2 meses y que toda su familia lo tomaba. Si prestas atención, eso equivale a un kilo por semana. En fin...

Al preguntarle por el precio se quedó con la boca abierta porque costaba más de 100 dólares el tratamiento para 2 semanas.

Marina tiene que trabajar mucho para ganar ese dinero, porque es todavía una estudiante. Sin embargo, estaba desesperada y pagó por las pastillas. Tenía que perder 17 kilos tan rápido como fuese posible, porque empezaba a notar que su novio ya no le prestaba la misma atención que antes. Y además le disgustaba ver ese cuerpo delante del espejo.

Los primeros días empezó con dolores en el vientre. Llamó a la empresa y desde allí le dijeron que eso era normal y que no se preocupara porque se pasaría en cuanto se acostumbrara el cuerpo.

Tenía que tomar las pastillas por la mañana y por la noche. Y sabían muy mal. El envase decía que las pastillas le quitarían el hambre, pero nada de eso sucedió.

Sin embargo, a la hora de comer casi ni comía. Además, tenía dolores en el estómago y los intestinos. Y por esa razón, aunque tenía hambre, a veces no comía.

La mujer que le vendió las pastillas no se preocupó por ella hasta que faltó un día para que se terminara el envase.

Entonces llamó a Marina para decirle que le quedaba un día y que su siguiente pedido ya iba en camino a su casa, cuando ella ni siquiera le había pedido más porque estaba pensando en dejarlo.

Habían pasado 2 semanas y Marina apenas había perdido 800 gramos. Estaba cansada. Tenía mucho sueño. No tenía ganas de levantarse por las mañanas y su estómago estaba fatal.

Al final recibió el siguiente pedido. Este envase era más caro que el anterior porque supuestamente ayudaba a adelgazar más rápido y tenía otros beneficios "milagrosos".

Entonces pagó por este nuevo envase. Y en menos de una semana, su estómago no soportó más. Empezó a vomitar. Tenía diarrea. No podía comer nada. Su cuerpo rechazaba la comida.

Su madre empezó a preocuparse por su salud porque la vio pálida y demacrada. Le preguntó si comía y le mintió. Le dijo que sí.

Cuando empezó a vomitar dejó de tomar las pastillas. Cuando la misma mujer la volvió a llamar para venderle más, le dijo que no quería más de sus productos, que sólo había perdido un kilo y medio en un mes.

La mujer le dijo que seguramente lo estaba haciendo mal. Pero Marina le dijo que siguió los pasos como ella le había explicado. Pero parecía no escuchar, porque empezó a decirle que le enviaba un pedido nuevo pero que lo tomara como ella decía.

Marina le dijo que no. Y que iba a visitar a un médico para saber si tenía algo extraño en el estómago.

Inmediatamente la mujer levantó la voz y enojada le dijo que los médicos no saben nada, que esas pastillas son mucho mejor. Y se puso tan histérica que Marina tuvo que colgar.

El médico que visitó le dijo algo parecido a lo que yo le había dicho. Le dijo que esos productos son fuertes y que habían eliminado la capa gástrica de su estómago.

Y por esa razón vomitaba y no podía comer, porque no podía digerirlos. Los análisis de sangre mostraron que tenía una deficiencia de vitaminas, hierro, calcio y otros minerales. Dos meses antes se había hecho una revisión y estaba todo perfecto.

Después de esto, Marina cayó aún más en la depresión. Además, había perdido gran parte del poco dinero ganado con su sudor y esfuerzo. Y lo peor de todo es que no sirvió para nada y además había perdido su salud.

Para recuperar su salud, Marina empezó a tomar los medicamentos para el estómago que le recetó su médico y también algunas vitaminas y minerales como el hierro.

Después de dos meses, Marina había recuperado por completo su salud. Sin embargo, como ya vimos, no le salió para nada barato. Y ese kilo y medio que había perdido los volvió a recuperar. No solo eso, sino que había subido un kilo más de peso. Ahora tenía 18 kilos de sobrepeso, en vez de 17 como antes.

Después de la horrible situación por la que tuvo que pasar, se dio cuenta del error que había cometido. Decidió afrontar su problema de la forma correcta. Esta vez sin atajos.

Y volvió a mi consultorio para empezar un programa de pérdida de peso que realmente funciona y con el cual puedes ver resultados a largo plazo y sin horribles efectos secundarios.

Le entregué una dieta y una serie de ejercicios que debía hacer cada semana. Las dos primeras semanas tuvo resultados rápidamente, al bajar 3 kilos en dos semanas.

La dieta consistía en...

La tercera fase la dejé incompleta para no hacer demasiado largo este relato. Considero que lo más importante del ejemplo es que puedas apreciar la primera y segunda fase de la historia.

Este tipo de historias te aconsejo que las uses si sabes que tu audiencia ha pasado por ese tipo de tentaciones y problemas. De esta forma, la influencia que puedas ejercer sobre las personas será mucho mayor.

La Venta Invisible #183

Sacrificio

Probablemente hayas visto este tipo de temática en las historias usadas con fines relacionados con el marketing. Por lo general, el héroe de la historia eres tú (si eres el dueño del producto que estás vendiendo) y cuentas cómo te has sacrificado para lograr tu objetivo. Y le dices al lector que tú ya has recorrido el camino difícil y que él solo debe copiar tus pasos para no pasar por el mismo dolor. Ese tipo de historias son muy usadas en nichos de emprendedurismo. La temática del sacrificio es útil porque le muestras a tu audiencia el difícil camino que ellos deben recorrer si no compran tu método o producto. Es una forma de asustarlos para convencerlos que a través de ti van a poder evitar todo ese sufrimiento al entregarles el camino ya recorrido (por ti). Cuando escribas la historia, deberás usar un poco de suspenso al contar que al principio fue difícil decidirse por el camino difícil, es decir, el correcto. Y que en unas cuantas ocasiones fuiste tentado por el camino fácil, es decir, el camino incorrecto y que no funciona (como comprarle cursos a los influencers del humo que te prometen hacerte millonario con solo tres clics). Hasta que finalmente tomaste valor y reconociste que el único camino es el difícil. Tomaste acción y te lanzaste para alcanzar tu objetivo. Y obtuviste tu recompensa por semejante sacrificio. En la etapa final, muestras cómo ese sacrificio ha moldeado tu carácter y cómo tu vida ha cambiado.

Veamos un pequeño ejemplo que he creado para que entiendas cómo funciona…

Hace ya dos años que estoy viviendo 100% del internet. Mi aventura comenzó hace 3 años, cuando llegué a Colombia solo con una maleta huyendo de la dictadura asesina y empobrecedora del genocida conocido como Nicolás Maduro.

La Venta Invisible #184

Soy venezolano y periodista. Pero jamás pude conseguir un empleo de periodista en Colombia. Los únicos trabajos que podía conseguir eran los menos pagados. Así que me conseguí un trabajo como repartidor de pizzas. Pero no quería hacer eso toda mi vida. Quería prosperar.

Un día leí en internet que existían personas que ganaban cinco cifras mensuales vendiendo libros digitales. Incluso vi fotos de uno de ellos trabajando con su laptop desde la playa en Australia.

¿Cómo era posible eso? Investigué más al respecto y era 100% cierto todo lo que había leído. Y en ese momento supe que quería hacer lo mismo que estaban haciendo estos emprendedores de internet.

El problema era que no tenía idea de qué tenía que hacer. Ni por dónde empezar. Había cursos en internet. Pero eran muy caros y se me hacía imposible pagarlos con mi sueldo. Cursos que costaban 100 dólares o más, cuando mi salario era de solo 150 dólares al mes.

Me dije a mí mismo que era un lindo sueño vivir del internet pero que era imposible para una persona como yo. Jamás podría alcanzar ese sueño con la vida que tenía.

Pasaban los días. Y a veces volvían esas ansias de empezar un negocio por internet para vivir como esos marketers en la playa en un lugar paradisíaco.

JuanSchukin.com

La Venta Invisible #185

Empecé a pensar que si renunciaba a ciertas cosas, quizás podría ahorrar para comprar esos cursos que enseñaban cómo ganar dinero por internet.

Hice las cuentas y debía comer menos veces en el día y mudarme de mi departamento a otro mucho más barato para ahorrar el dinero necesario para los cursos.

Podría funcionar. Pero debía renunciar a muchas cosas. ¿Y si no funcionaba? Empecé a visualizar cómo sería mi vida en cinco años si no lo intentaba. Y no me gustó para nada lo que veía. Me veía desgraciado. Todavía en el mismo trabajo o en uno peor, con un menor salario. Y viviendo en la pobreza.

Sin embargo, tenía miedo de emprender en internet. Miedo al futuro. Miedo a que las cosas no salgan como se espera. Miedo absoluto al fracaso. Me daba vértigo de solo pensar que lo estaba intentando.

Sin embargo, volví a proyectarme hacia el futuro. Medité y medité sin descanso. Y me di cuenta que mi situación actual jamás iba a mejorar. Si no hacía algo, quién sabe cómo podía terminar.

Así que tomé todo el coraje que tenía y me decidí a hacer esos pequeños cambios en mi vida para comenzar a ahorrar dinero para los cursos.

Me mudé a un departamento más pequeño, en una zona peligrosa. Pero era lo que podía pagar. Y empecé a comer menos, aunque muchas veces me quedaba con hambre.

JuanSchukin.com

Sin embargo, si quería ahorrar dinero más rápido, debía trabajar más. Así que aumenté las horas que trabajaba repartiendo pizzas.

Así, en un mes y medio pude ahorrar 100 dólares para comprar mi primer curso. Como trabajaba desde las ocho de la mañana hasta las diez de la noche, tenía que leer el curso impreso en aquellos momentos en que no estaba haciendo repartos. Y por las noches trabajaba en crear mi negocio online, desde las once de la noche hasta la una de la madrugada.

Sin embargo, no avancé mucho con ese curso, ya que me daba cuenta que siempre debía comprar otro curso adicional para aprender nuevas habilidades. Así que otro mes y medio tuvo que pasar para que pudiera ahorrar otros 100 dólares para adquirir el siguiente curso que necesitaba.

Como no sabía absolutamente nada sobre páginas web, y tampoco podía contratar a una persona experta en el tema por falta de dinero, debía quedarme investigando hasta las dos de la madrugada para poder empezar mi primer negocio.

Después de haber investigado un mes entero, ya tenía mi página web funcionando y ya estaba promocionando mi primer producto como afiliado. Me emocioné mucho porque me estaba imaginando cómo iba a renunciar a mi trabajo el mes que viene cuando tenga mil dólares en mi cuenta bancaria producto de todas las ventas que habría hecho como afiliado.

Sin embargo, después de una semana me di cuenta que nada de eso iba a pasar. No estaba generando ninguna venta. Y debido a mi ignorancia en los negocios online, no me había dado cuenta que nadie estaba visitando mi web. ¿Cómo esperaba vender sin visitas?

Investigué cómo generar tráfico a mi web. Y me encontré con dos alternativas. Una de ellas era posicionándome en Google. La otra consistía en publicidad paga. Cada una tenía sus ventajas y desventajas.

Con la publicidad paga, podía generar tráfico en cuestión de minutos. Pero la desventaja era que no tenía mucho dinero para invertir. En cambio, si me posicionaba en Google podía ganar mucho tráfico totalmente gratis. ¿Pero la desventaja? Que podía demorar seis meses o incluso más tiempo.

No podía esperar tanto tiempo para empezar a generar ganancias. Debía hacer todo lo posible para empezar a ganar dinero cuanto antes. Así que seguí trabajando duro como repartidor para ahorrar todo el dinero posible y destinarlo a la publicidad paga.

Empecé con Google. Estuve un mes haciendo publicidad allí. Y me fue fatal. Perdí los 50 de los 100 dólares que había ahorrado. Me quedaban 50 dólares. Así que los destiné a Facebook. También me fue fatal. Otros 50 dólares tirados a la basura.

Había leído que Facebook era fácil porque permitía elegir los intereses de las personas, la edad, el lugar y todo eso que siempre repiten las personas que escriben blogs sobre marketing online.

Pura mentira. No es tan sencillo como ellos lo plantean. Se nota que ellos nunca han hecho publicidad en Facebook. Y si alguna vez han hecho, jamás ganaron ni un mísero centavo.

No sabía qué hacer. Me sentía totalmente perdido. En esos días, me apareció una publicidad en Facebook. Adivina sobre qué. Sí, sobre cómo hacer publicidad en Facebook. Era un curso que se vendía a 100 dólares. Me preguntaba por qué todos venden al mismo precio. En fin...

Lo medité bastante. Y decidí que quizás me ayude con mis anuncios publicitarios de Facebook. Sin embargo, no tenía ni un centavo porque me lo había gastado todo. Así que tuve que esperar un mes para volver a ahorrar otros 100 dólares.

Compré el curso. Y como era un curso en video no podía estudiarlo mientras hacía descansos en el trabajo. Así que lo tuve que estudiar por las noches. No me arrepiento de haberlo comprado, porque ahora ya sabía lo que estaba haciendo mal. Definitivamente esos supuestos marketers que escriben en sus blogs no sabían nada sobre cómo hacer publicidad en Facebook.

Tuve que esperar dos semanas para ahorrar 50 dólares. Y cuando los tuve, volví a hacer publicidad. ¿Y qué crees? Invertí 50 dólares y vendí un producto. Había ganado solo 30 dólares. Es decir que perdí 20 dólares. Pero sabía que era solo el comienzo. Seguí perfeccionando mis anuncios, viendo cuáles funcionaba, cuáles no, qué rango de edad estaban más interesados, haciendo retargeting...

En fin... al cabo de tres meses me convertí en un experto optimizando mis anuncios en Facebook. Estaba invirtiendo 100 dólares mensuales y generando 300 dólares en ganancias. Es decir, que cada 1 dólar que invertía, estaba generando 3 dólares en ganancias. Con esa lógica, seguí invirtiendo cada vez más dinero, y después de 6 meses estaba generando 3 mil dólares en ganancias.

Había transcurrido un año desde que había empezado mi aventura en internet. Después de tanto trabajo duro y sacrificio, lo había logrado. Había logrado mi sueño, que era vivir del internet. Había renunciado a mi trabajo antes de que se cumplieran los doce meses, después de alcanzar la meta de los 500 dólares mensuales.

Hace tres años que empecé esta aventura de internet. Hoy ya no vivo más en Colombia. Me mudé a Miami gracias a la visa E-2 de inversionista. Y con un sueldo de 17 mil dólares mensuales, estoy viviendo en mi casa en la playa.

Cada mañana me despierto con las olas rompiendo en las rocas, sintiendo la brisa del mar en mi cara cada vez que salgo a caminar por la playa, sintiendo el agua fría entre los dedos de mis pies mientras escucho la melodía de las olas.

Y si tú también sueñas con vivir del internet, no necesitas pasar por todas las desgracias y penas que yo tuve que pasar. Puedo mostrarte todos los pasos que necesitas saber para empezar hoy mismo tu negocio online, para que no pierdas dinero ni tiempo como yo lo hice.

Como puedes ver, al final recalco que el lector no necesita pasar por todos los sinsabores que el héroe de mi historia tuvo que pasar. Y que puede obtener todos los pasos para alcanzar su objetivo en un solo lugar y de una vez, es decir, con el producto del héroe de la historia.

Venganza

Esta temática suele usarse mucho en las historias ficticias, como en las películas de John Wick o la saga de "Taken" con Liam Neeson. Sin embargo, en el mundo del marketing debe usarse de una forma diferente. Cuando se use con fines relacionados con el marketing, no podemos decir que el personaje principal de nuestra historia entrenó duro en el gimnasio por un año para volverse más musculoso y de esta forma tener la fuerza suficiente para partirle la cara a otra persona que le hizo la vida imposible en el pasado. O que un ex-asesino a sueldo vuelve a su vieja vida para vengar la muerte de su cachorro y que había sido un regalo de su esposa recientemente fallecida. Esta temática no funciona de esa forma. Quizás sí en las películas. Pero no aquí. Básicamente, las historias con la temática de la venganza comienzan con el héroe buscando una solución a su problema. Luego, en su búsqueda, el héroe se encuentra con el personaje que le infringirá algún tipo de daño, que puede ser físico, psicológico o de otra índole. Después de haber sufrido a manos de ese personaje "malvado", el héroe reanuda su búsqueda, alcanza su objetivo y se venga de su agresor. Pero la venganza no se produce para que el héroe se sienta mejor, sino que lo hace para que otros no tengan que sufrir y pasar por lo mismo que él pasó.

El siguiente es un ejemplo creado por mí para que veas cómo puedes usar esta temática…

Un día del mes de octubre del año 2015, me desperté alterado en mi casa de Montevideo. Todavía tenía ese amargo pensamiento rondando en mi cabeza: los 9500 dólares que había perdido en una estafa en internet.

Todo había comenzado tres meses antes, cuando vi un anuncio en Facebook. En ese entonces, estaba ganando 500 dólares mensuales vendiendo productos de información por internet.

No era mucho, aún tenía que depender de mi trabajo como ingeniero para poder subsistir. Pero poco a poco estaba aumentando mis ingresos por internet para finalmente dejar mi trabajo y vivir 100% de mis negocios online.

El anuncio que me apareció en Facebook era sobre un curso que enseñaba a crear embudos de ventas para convertir tráfico frío en ventas. Y se llamaba "Secretos de Embudo". Quedé maravillado. Era lo que finalmente necesitaba para dejar mi trabajo y vivir solo del internet.

El creador del curso se hacía llamar Julián Cáceres. En su carta de ventas incluía un pantallazo de los miles de dólares que estaba ganando vendiendo productos en Clickbank.

Parecía una persona confiable y tenía muchos testimonios. Además, tenía una cuenta de Instagram con miles de seguidores. No podía ser tan malo pensé. Lo único extraño era que estaba vendiendo su producto a través de PayPal y no a través de Clickbank. Si realmente estaba haciendo tanto dinero en Clickbank, ¿por qué no lo vendía a través de esta plataforma?

En fin...

Quería comprar el curso. Pero el único problema era el costo del mismo. Costaba 500 dólares. Era mucho dinero. Imagínate que 500 dólares era mi salario mensual en internet. Sin embargo, después de meditarlo por un largo tiempo, confié en esta persona y finalmente lo compré.

El curso vagamente enseñaba lo que prometía en su carta de ventas. Me hubiese gustado que estuviese más completo. No valía los 500 dólares. Pero no pedí ningún reembolso. Definitivamente había aprendido algunas cosas nuevas con el curso.

Una semana después, me llega un email de Julián, el creador del producto. En ese mensaje me detalla que está haciendo un coaching uno a uno por 3500 dólares. Me dice que estará disponible para las primeras 30 personas y que me mostrará en vivo y en directo y paso a paso cómo perfeccionar mi embudo de ventas. Según él, iba a compartir secretos que no había revelado en su curso.

Para hacer corto mi relato, compré el coaching por 3500 dólares. Me dolió mucho. Pero en ese momento pensé que era una gran inversión. Sin embargo, pasó una semana y Julián me decía por email que no había tenido tiempo para el coaching uno a uno porque no le funcionaba bien internet.

En fin...

Después de que pasó una semana desde que compré el coaching, Julián me envía otro mensaje, esta vez diciéndome que si invertía 6 mil dólares en él, se iba a comprometer a abrir un embudo personal para promover su curso "Secretos de Embudo".

Julián garantizaba una ganancia mínima de 20 mil dólares y una ganancia máxima de 55 mil dólares en 60 días. Y si no se cumplía lo que él prometía, me iba a reembolsar el 100% del dinero invertido.

Por medio de sus técnicas psicológicas de persuasión, engaño, urgencia y escasez, me sedujo completamente e invertí los 6 mil dólares. Y supuestamente iba a empezar a pagarme a partir de la octava semana de haber invertido ese dinero, es decir, aproximadamente 60 días. Mientras tanto, del coaching uno a uno, ni noticias.

Llegada la fecha de pago de las comisiones que Julián debía pagarme por los 6 mil dólares que invertí, empezó a decirme que la cuenta de PayPal a través de la cual me iba a hacer esos pagos, estaba "limitada" y que el pago de las comisiones iba a demorar más días (una semana como máximo).

Yo me puse muy nervioso y me imaginé lo peor. Empecé a investigar a Julián Cáceres en Google y descubrí que había testimonios de gente estafada por él en el mercado anglo donde se apodó con el pseudónimo de "Dr. Smith".

Así que solicité mis reembolsos a la misma empresa PayPal, mismos que no procedieron debido a que ya habían pasado más de 45 días que es el tiempo que da PayPal para hacer reclamaciones y levantar disputas.

De manera muy hábil y premeditada, este personaje estafador aseguró que había que esperar 60 días para que mi inversión supuestamente diera sus máximos dividendos, con esto él se cubre las espaldas y evita los reclamos de reembolso a PayPal debido a que pasan más de 45 días.

Para no hacer el cuento más largo, le he pedido a esta persona cantidad de veces que me reembolse los 9500 dólares que invertí en la rueda de inversión y el coaching.

Pero lo único que hacía era alargar la situación. Me aseguraba que me iba a reembolsar el dinero pero no me decía cuándo ni cómo lo iba a hacer. Sólo me decía cosas ambiguas y sin sentido como: "lo recibirás", "no sé cuándo", "no puedo darte más detalles" ...

Y lo peor de todo es que después empezó a decirme que supuestamente ya no dependía de él que yo reciba mi reembolso. ¡¿Entonces de quién?!

Me explicó sobre un supuesto "proceso legal" para hacer el reembolso del cual también se negó rotundamente a dar explicaciones y clarificarlo.

En fin... esta persona después ya no respondió más mis mensajes y desapareció del mapa. Intenté publicar lo sucedido en un conocido foro de marketing por internet para que otras personas no sean estafadas por este sujeto. Pero borraron mi comentario y luego prohibieron mi acceso. Muy extraño. Llegué a sospechar que los dueños de ese foro estaban involucrados con este estafador, porque en una sección del foro le estaban haciendo publicidad a este sujeto.

Encontré otro foro sobre negocios por internet y publiqué lo sucedido. Pero no tuvo ninguna repercusión porque ese sitio estaba más vacío que un pueblo fantasma.

Me dije a mí mismo que no había nada que podría hacer para recuperar mi dinero. Y que no podía hacer nada para advertir a otras personas que no confíen en este estafador para que no pierdan todo su dinero.

A los pocos días me encontré con un video en YouTube de un conocido marketer americano y que es una autoridad en el nicho de los negocios por internet. Y viendo los comentarios de las personas debajo del video, me di cuenta de algo muy importante.

Las personas suelen escuchar y seguir los consejos de aquellos a quienes admira. Pero no es exactamente eso sobre lo que descubrí, ya que eso es algo que ya todos sabemos. En realidad, me había dado cuenta que si quería que las personas me escucharan y sigan mis consejos para no ser estafados también ellos por alguien como Julián Cáceres, yo también debía volverme una autoridad en el nicho.

Así que intenté olvidarme de la estafa. Seguir adelante con mi vida. Y convertirme en uno de los mejores marketers que las personas jamás hayan conocido. Así comencé un entrenamiento más estricto y a consumir los cursos más caros del mercado, aunque tenga que hacer un sacrificio en el camino.

De esta forma, comencé a crear negocios súper rentables y a ganar mucha experiencia. Cuando estaba generando 20 mil dólares en piloto automático, decidí que ya era hora de empezar a enseñar en el nicho de los negocios por internet. Desde entonces, había pasado un año desde la estafa de Julián Cáceres.

Así, creé un blog sobre marketing y empecé a llevarle tráfico pago desde Google y Facebook. Mi lista de suscriptores había llegado a las cien mil personas en solo seis meses. Entonces creé mi primer curso, que constaba básicamente en un libro donde iba a revelar todos los secretos del marketing por internet por solo 29 dólares.

Fue un éxito rotundo. Enseguida se empezó a correr la voz en las redes sociales sobre este curso y fui sumando más gente a mi lista de clientes. Así, creé mi segundo curso con más información que les iba a volar la cabeza a todo el mundo. Y tuvo más éxito que el primero. De esta forma, comencé a relacionarme con los más grandes marketers de la industria y me había vuelto una autoridad en el mundo de los negocios por internet.

Un día recibí un email que me dejó sorprendido. Era nada más y nada menos que el mismo Julián Cáceres. "Pero qué diablos", dije. El sujeto parece que se había olvidado de que me había estafado en el pasado y me preguntaba si quería formar una alianza estratégica conmigo para vender uno de sus productos.

No respondí ese mensaje, porque tenía una idea mejor. Yo había sido invitado a dar una conferencia en Miami junto con los marketers más conocidos del mercado. Así que hice lo que cualquier persona hubiese hecho en mi lugar para evitar que más personas sigan siendo estafadas.

Ese día en el cual debía dar mi conferencia, subí al escenario y empecé mi discurso de la siguiente forma:

"Antes de empezar a hablarles sobre las últimas estrategias que he estado utilizando para ganar dinero por internet, quiero hacer una advertencia para impedir que personas como ustedes y las que nos están mirando en YouTube sean estafadas y se aprovechen de las ilusiones que tienen de vivir 100% del internet.

Hace más de un año fui vilmente estafado por un sujeto que no solo me engañó a mí, sino también a otras tantas personas y aún hoy sigue haciendo de las suyas. Esta persona me robó 9500 dólares impunemente y sin escrúpulos.

Es una persona evasiva. Misteriosa. No es claro en sus afirmaciones. Nunca quiere dar pruebas de lo que dice. Y todas sus promesas son falsas.

No quiero que este sujeto siga estafando a gente honesta que deposita su confianza en él. Por esa razón, a todas las personas que sigan a Julián Cáceres, mi recomendación es no invertir en nada que él les ofrezca, porque es muy probable que sean estafados como me estafó a mí."

Cuando hice una pausa para empezar mi verdadero discurso, todos aplaudieron, una clara señal de que todos estaban de acuerdo conmigo.

Y cuando finalicé mi discurso y bajé del escenario, se me acercaron muchas personas diciéndome que también habían sido estafadas por Julián Cáceres, pero que nunca pudieron recuperar su dinero. Y me dieron las gracias por lo que había hecho, porque ahora este estafador había sido desenmascarado y ya no podía engañar a nadie más en nuestro mercado.

Al día siguiente, no podrás creer lo que sucedió con mis cuentas en las redes sociales y con mis ganancias. Todo cambió para mí... pero para mejor...

Para crear esta historia, me basé en un caso de estafa relativamente conocido en el mercado hispano por parte de un estafador que engañó a muchas personas por grandes sumas de dinero en el nicho del marketing por internet.

Como puedes ver, el héroe de la historia se vengó de su "enemigo", pero no lo hizo por satisfacción propia, sino que lo hizo para beneficiar a las personas que tenía en su lista de suscriptores y también a aquellos que no lo siguen, pero que creía que debían saber la verdad para que no les suceda lo mismo que a él.

Arma #10: Conexión emocional de dimensiones astronómicas

> "He aprendido que las personas olvidarán lo que dijiste, olvidarán lo que hiciste, pero nunca olvidarán cómo las hiciste sentir".
>
> — Maya Angelou

¿Por qué crees que algunas historias captan toda nuestra atención y deseamos saber qué sucederá con el personaje en cuestión, a diferencia de otras historias que nos aburren completamente? ¿Por qué algunas historias nos persuaden de tomar acción e incluso lograr hazañas que nunca antes habíamos logrado alcanzar? Mientras que otras historias al leerlas las abandonamos antes de siquiera pasar a la segunda página. Todo se basa en la conexión emocional con el lector. Debes hacer que tu lector se olvide que está leyendo tan solo información y que se involucre en la historia mediante el uso de las emociones. Esto es algo que ya expliqué ligeramente en el capítulo anterior. Y es que recurrir a las emociones es sumamente importante y útil porque son las emociones las que nos impulsan a actuar. Existen muchas emociones. Pero voy a hablar de las cuatro más importantes, llamadas emociones primarias. Y cómo utilizarlas para nuestro beneficio.

Éstas son:

- El miedo

- La ira

- La tristeza

- El placer o alegría

Existen más emociones, llamadas secundarias, en los seres humanos. Pero al igual que sucede con los colores, esas emociones secundarias surgen como una combinación de las primarias. Ahora, podría explicarte cómo está dividido el cerebro y que las emociones primarias surgen en la parte de nuestro cerebro que es el llamado cerebro reptiliano, pero prefiero no aburrirte con teoría que no puedes aplicar en la práctica.

Por lo tanto…

Si deseas saber más sobre cómo surgen las emociones en el cerebro, te recomiendo que consigas un libro sobre el tema. En Amazon hay muchos. La intención de este libro es que sea uno práctico. Y no darte una clase de teoría sobre el cerebro humano.

Así que… empecemos con la primera emoción…

El miedo

El miedo es una emoción que se encuentra en la parte más primitiva de nuestro cerebro. En la prehistoria, cuando caminábamos por el bosque o la selva, y nos encontrábamos con un depredador, el miedo era una herramienta muy útil para lograr sobrevivir. El miedo producía tres tipos de efectos en nuestro cuerpo:

- Nos quedábamos congelados si el depredador no nos veía, para pasar desapercibidos y sobrevivir.

- Corríamos, si el depredador fijaba sus ojos en nosotros, dándonos a entender que éramos su próxima cena.

- Contraatacábamos, si nos arrinconaba contra un muro y no teníamos otra opción que luchar para lograr sobrevivir.

Hoy en día, cuando tenemos miedo ya no reaccionamos para escapar o contraatacar. No necesitamos reaccionar así ya que no existe ninguna amenaza mortal. En nuestros tiempos, si caminamos por la calle no nos vamos a cruzar con un tigre dientes de sable u otro animal depredador. El único efecto que ha sobrevivido es el efecto de congelarnos cuando tenemos miedo. Y el miedo de hoy en día se puede originar por la pérdida de algo material o inmaterial.

Algunos ejemplos de pérdidas podrían ser:

- Perder el empleo

- Perder dinero

- Perder a la pareja

- Perder cierto estatus social

- Perder la salud (lo cual puede obligar a la persona a abandonar ciertas actividades placenteras que realiza actualmente)

Como todos estos miedos no originan ni escape ni contraataque, no producen ninguna acción. Es decir, la persona no tomará acción alguna. Pero nosotros necesitamos que sienta el suficiente miedo para que tome la acción de sacar su tarjeta de crédito y compre el producto que vamos a presentarle. La solución es infundir mucho más miedo al describir un escenario posible en el futuro que podría sucederle a tu lector, al punto de que sienta tanto terror o pánico que lo obligue a tomar acción inmediatamente para evitar ese escenario futuro. Por ejemplo, las conspiraciones suelen usar esto para atraer más personas a su nido de ratas. Las teorías de conspiración suelen usar el miedo para generar una sensación de urgencia. "Si no actuamos ahora, será demasiado tarde" es un mensaje común que puede movilizar a las personas a tomar decisiones rápidas y a aceptar la narrativa conspirativa como una verdad urgente. Para lograr esto, es necesario que describas detalladamente cómo se sentiría si se produjera la pérdida. Por ejemplo, la pérdida de un trabajo o de su salud. Y luego deberías presentarle la solución para prometerle una salida a esa horrible situación.

Veamos un ejemplo de uno de mis viejos negocios en el nicho del reflujo ácido.

Fui diagnosticada con reflujo ácido en el año 2013.

Durante mi inalcanzable búsqueda por recuperarme de este mal, juré que iba a revelar mi historia de éxito con todo el mundo si lograba curarme. Y aquí estoy para contártelo a ti.

Un día estaba almorzando con mi marido y mis dos hijas… cuando de repente comenzó uno de los síntomas del reflujo ácido. Fue un ardor en la boca del estómago… al cual no presté mucha importancia.

A la noche — en la cena — volvió a aparecer el mismo síntoma: un ligero ardor en el pecho.

Al día siguiente, el ardor se hizo más intenso. Y con el transcurrir de los días, los síntomas comenzaron a empeorar.

El ardor en el pecho se había intensificado bastante. Pero no era solo un ardor en el pecho… sino que también lo sentía en la garganta, y sentía la boca seca. Además de eso… empecé a tener mucha tos.

Me costaba mucho pasar los alimentos sólidos. Y necesitaba tomar mucha agua para tragar.

También empecé a tener problemas para dormir por falta de aire, y siempre sentía que me subía algo desde el estómago hasta la garganta… como si un dragón estuviera escupiendo fuego dentro de mi cuerpo.

Harta de los síntomas, decido ir al médico, quien me dice que los síntomas apuntan a reflujo gástrico.

"Sin embargo, debo hacerte una endoscopía para confirmar", me dice.

Después de mirar los resultados del estudio, el médico me informa que efectivamente tengo reflujo gástrico. Me da Omeprazol y me dice que lo tome por un mes.

Pero los síntomas no mejoraron. El ardor siguió siendo el mismo. Por las noches debía dormir sentada porque el ácido subía y me quemaba completamente el pecho. Muchas noches me resultaba imposible dormir debido a la quemazón.

Cuando le cuento al médico cómo evolucionó la enfermedad, me aumenta la dosis del medicamento. Aun así, los síntomas no mejoraron. Es más, parecían empeorar.

Así estuve por doce largos meses: con dolor y cambiando constantemente de medicamentos, los cuales no funcionaban.

En un año, mi problema empeoró tanto que el solo hecho de beber agua me provocaba reflujo. Créeme... mi caso no era para nada leve.

Hasta que el médico me sugirió la cirugía. Sino, mi voz se arruinaría. Y por lo tanto, mi carrera como cantante. Mi voz ya estaba desapareciendo, así que debía hacer algo urgente.

Fue en ese momento cuando me di cuenta de la gravedad del problema. Toda mi carrera como cantante podía derrumbarse por culpa del reflujo.

Todo lo que había logrado en mi vida podría desaparecer... junto con mi futuro.

Pero esa no era mi única preocupación. Mi otro gran temor era el cáncer de esófago.

Como seguramente ya sabes, el constante ácido que pasa por el esófago puede provocar un tumor. Y yo tenía unas altas probabilidades de sufrir cáncer si seguía por ese camino.

Temía por mi esposo y mis hijas. Si algo me sucedía, él debía ocuparse de mis hijas sin mi ayuda. No podía dejarlo solo.

Aun así, era bastante escéptica en cuanto a la cirugía. Así que hablé con algunas personas que se habían sometido a ella e investigué mucho sobre el asunto. Y por lo que pude averiguar, la cirugía es bastante peligrosa.

Los efectos secundarios incluyen diarrea por un año. Y en el 85% de los casos, el reflujo puede volver a aparecer dentro de los 15 años.

Además, la cirugía consiste en hacer más pequeño el estómago. Cuando eso sucede, tu cuerpo puede sufrir de malnutrición.

Y tienes que ser muy cuidadoso con lo que comes. Ya no puedes volver a comer lo mismo de antes!

Inmediatamente descarto la cirugía. Y me propongo buscar una solución para mi problema. Si la medicina no podía ayudarme, iba a curarme por mi cuenta.

Comencé a aplicar algunos consejos que encontré en internet. Por unos días mis síntomas mejoraron. Pero después, el reflujo empeoró y los síntomas se volvieron insoportables.

Entonces decido aumentar aún más las dosis de los medicamentos. Pero eso no ayudó mucho... y además sentía que las medicinas estaban «matando» otras partes de mi cuerpo, como el hígado o mi estómago.

Mi vida social de repente cambió rotundamente. Ya no quería salir a cenar con amigos porque después sabía que las horas posteriores iban a ser terribles. En otras palabras, mi vida social se había desmoronado totalmente.

En tres simples palabras: me sentía MISERABLE. Sentía que no servía para nada. No podía ayudar a mis hijas con sus tareas escolares porque me sentía destruida tanto en lo físico como en lo emocional.

Podía sentir cómo mi cuerpo estaba colapsando. Lo más difícil fue la incertidumbre de si viviría o no para estar con mis hijas y verlas crecer.

Como puedes ver, se intenta describir un escenario muy desolador para que el lector se de cuenta que tiene mucho para perder. Y más adelante, cuando le prometas que existe una solución, estará feliz de escucharte.

La tristeza

La tristeza es otra de las emociones que puedes encontrar en tu lector. Como expliqué anteriormente, el miedo es una emoción que surge debido a una posible pérdida en el futuro. En el caso de la tristeza, surge porque ya se ha producido esa pérdida.

Ejemplos típicos pueden ser:

- Romper una relación

- Perder el trabajo

- Perder dinero

- Perder cierto estatus social

- Perder la salud (ser diagnosticado con una enfermedad)

La tristeza, al igual que el miedo, es una emoción que puede evitar que la persona tome acción, ya que no se siente motivada a tomar nuevas decisiones. En algunos casos, la persona se siente depresiva, lo cual empeora aún más la toma de acción. En estos casos es necesario que el héroe de tu historia, si es que contarás una historia, haya tenido los mismos problemas que tiene actualmente tu lector. Y que a través de tu personaje (ya seas tú o un cliente pasado) le prometas que aún hay esperanza para su situación y que expliques la solución. Esto es algo que muchas veces suelen hacer coachs motivacionales como Tony Robbins para vender miles o millones de dólares, incluso a personas depresivas.

Según el nicho en el cual te encuentres, también es posible inferir más miedo para que vea que su situación puede empeorar aún más (solo si es cierto que puede empeorar).

Por ejemplo…

En el nicho de los hombres que fueron abandonados por sus parejas, es posible infundir ese miedo para obligarlos a tomar acción. En este caso, se podría mencionar que si no hace algo al respecto en este mismo instante, su ex novia encontrará a otro hombre y muy probablemente tenga sexo con él, perdiéndola para siempre.

Veamos un ejemplo relacionado con el nicho de recuperar a una ex pareja:

> **Si estás leyendo este texto ahora mismo, seguramente has terminado tu relación con tu novia. Es más, seguramente fue ella quien te ha dejado. Y no tú a ella.**
>
> **Estoy seguro que estás sintiendo exactamente lo que yo sentí cuando mi novia me dejó: desesperado, sin esperanzas, con el corazón roto, preguntándote qué has hecho mal para que de un día te dijera: "Ya no te quiero como antes. Mis sentimientos hacia ti han cambiado. Pero podemos seguir siendo amigos".**
>
> **Ese momento es uno de los peores en la vida de un hombre, porque recibes ese mensaje como un golpe de un boxeador de peso pesado.**

Cuando mi ex novia me dejó, se me cayó el mundo y no sabía qué hacer, ni qué decir ni qué pensar.

No dormía. No descansaba. Todo me aburría. Dejé el gimnasio. Pasaba largas horas acostado mirando televisión. Recurrí al alcohol. No podía concentrarme en el trabajo. Nada me motivaba.

Comencé a pensar si estaba con otro hombre y teniendo sexo con él... y lo peor de todo... disfrutándolo. Y olvidándose de mí.

Dios, ese pensamiento me rompía el corazón. Constantemente me preguntaba si ya se había olvidado de mí, si le estaba permitiendo a otro hombre verla desnuda, acostándose con él en la cama que una vez compartí con ella. Si le estaba haciendo todas esas cosas que antes me hacía a mí en la cama.

Y lo peor de mi situación es que eso iba a pasar tarde o temprano si no hacía algo al respecto. Era obvio que ella no iba a quedarse sola y en algún momento se iba a encontrar otro hombre.

Mira. Sé muy bien por lo que estás pasando ahora mismo. Por esa razón quiero mostrarte lo que debes empezar a hacer si realmente quieres recuperarla y evitar que duerma con otro hombre.

Como puedes ver en el ejemplo, pongo mucho énfasis en el temor de que su ex novia duerma con otro hombre, algo que aterra a todo hombre. Y que si no empieza a hacer algo ya mismo, la perderá para siempre. Pero recuerda, en otros casos no puedes infundir más miedo porque podría no funcionar. Es más, en algunos casos ni siquiera tendrás la oportunidad de infundir más miedo, porque la persona ha tocado fondo y ya no puede caer más bajo. En ese caso, lo único que te servirá es poner mucho énfasis en que existe una esperanza y que es posible salir del infierno en el que se encuentra explicando los pasos importantes a seguir… preferiblemente con una historia.

La ira

La ira es una emoción muy útil porque nos permite tomar acción, a diferencia del miedo y la tristeza. La ira nos da poder y una sensación de control, muy importante para que tu lector no se quede inmovilizado como en las dos emociones anteriores. Tan solo piensa cómo te sientes cuando eres agredido por otra persona o cuando crees que algo es injusto. Es probable que en el pasado hayas estado en una situación en la cual alguien te ha insultado o menospreciado y tu primera reacción fue la de devolver el ataque, ya sea verbal o físicamente. En otras palabras, la ira te obligó a actuar. Hay políticos que han sabido cómo usar esta emoción para ganar votos. Uno de ellos fue Donald Trump, que aprovechando el odio hacia las ideas decadentes de los progres logró ganar la suficiente cantidad de votos para ganar las elecciones.

La ira puede usarse en nichos como bajar de peso, en finanzas o en la seducción. ¿De qué manera te estarás preguntando? Muy fácil: en forma de venganza. La venganza, mientras no perjudique a otra persona, es una emoción positiva para tomar acción. Es posible usarla de varias maneras sin perjudicar a otra persona. En el caso de bajar de peso para mujeres, es posible vengarse de un ex novio al bajar de peso y alcanzar así una figura envidiable por otras mujeres. Muchas mujeres pensarían sobre su ex novio lo siguiente: "Mira lo que estás perdiéndote por haberme dejado".

La Venta Invisible #212

Veamos un ejemplo sencillo relacionado con lo anterior:

Antes de empezar la universidad, era una chica delgada. Pesaba 57 kg, nada mal para una chica de 17 años.

Los problemas empezaron cuando ingresé a la universidad. La falta de tiempo hizo que comiera siempre comida chatarra. Y eso, sumado al estrés de los estudios y a la falta de ejercicio, hizo que en poco más de un año subiera 10 kilos.

Mi peso no me preocupaba en ese entonces. Hasta que algo inesperado pasó. Mi novio Luis, con quien había estado saliendo hace poco más de dos años, rompió conmigo.

Me dejó por tener sobrepeso.

Un día me enteré que sus amigos me llamaban "gordita". Y después de que terminó conmigo, empezó a salir con una chica que era más delgada y que iba al gym.

Otras personas también fueron muy malas conmigo: la ex novia de Luis, antes que terminara conmigo, había escrito en su cuenta de Facebook que él era un "caza-gorditas".

A Luis le encantaba ir al gimnasio y estaba muy en forma. Para empeorar las cosas, su nueva novia tenía un cuerpo de modelo.

JuanSchukin.com

Pero la ruptura, tan horrible como fue, me impulsó a hacer algo con mi peso. Ya había tenido suficientes bromas sobre mi figura.

Antes de que Luis me dejara, no me había molestado mi peso porque tenía mucha confianza en mí misma. Pero la ruptura me hizo mirarme en el espejo por un largo tiempo. Y no me gustó lo que vi.

Sabía muy poco acerca de dietas y nutrición. Pero estaba decidida a poner celoso a mi ex novio haciendo algo con mi cuerpo.

Busqué en Google "cómo comer de forma saludable" y creé mi propio plan alimenticio para adelgazar.

Eliminé el alcohol, las bebidas gaseosas, el chocolate, los pasteles y toda comida chatarra. Dejé la leche, el pan blanco, las pastas, el café... e introduje verduras, pocas frutas y proteína de calidad.

También comencé a ir al gimnasio porque me di cuenta que necesitaba tonificar la piel floja ahora que había comenzado a perder peso.

En ocho meses, perdí casi 11 kilos. No solo había eliminado los 10 kilos que había ganado por culpa de la universidad, sino que además perdí un kilo de más.

La transformación en mi cuerpo fue notable. Me encantaba ir al gimnasio y ahora se ha convertido en una forma de vida para mí.

Aproximadamente un año después, cuando me sentía delgada y feliz con mi cuerpo, me topé con Luis en un bar.

Me dijo: "No te reconocí". Estaba absolutamente sorprendido.

Estaba con sus amigos y me invitó a tomar una cerveza. Pero ya era demasiado tarde para él. Tuvo su oportunidad de estar conmigo y la desperdició.

Además, estaba saliendo con Alex, con quien me siento muy feliz y siempre me ha apoyado.

Ponerse en forma fue definitivamente la mejor venganza por todos los comentarios que intentaron herirme.

Esto fue un ejemplo de cómo podrías usar la venganza para incitar a las personas a tomar acción. Como ves, en este caso no se usó la venganza para herir a otra persona. Sino como una motivación para cambiar.

La alegría

La alegría o el placer es otra de las cuatro emociones primarias que existen. Sin embargo, no la voy a desarrollar en este libro porque considero que no es una emoción que puedas encontrar en tu audiencia si lo que estás vendiendo es una solución a un problema.

Piénsalo bien.

Una persona que está buscando una solución a un problema, ¿está experimentando la emoción de la alegría (o sus correspondientes emociones secundarias)? Lo más probable es que no suceda eso. Lo más probable es que tu audiencia experimente una de las tres emociones que expliqué anteriormente: miedo, tristeza o ira. Por lo tanto, no voy a desarrollar esta emoción. Y te aconsejo que concentres toda tu atención en las tres primeras emociones si es que vendes soluciones a los problemas de las personas. Sin embargo, lo único que voy a mencionar es que el placer o la alegría son emociones que se pueden usar para vender entretenimiento, como juegos de video o películas. Pero no tengo experiencia en estos temas, por lo tanto prefiero no adentrarme en ellos.

Arma #11: El secreto para una marca súper adictiva

"La gente no compra lo que haces, compra por qué lo haces".

— Simon Sinek

La palabra "arquetipo" fue introducida por el psicólogo Carl Jung para describir patrones de comportamiento de las personas, que lo podemos entender como la personalidad. También se lo puede definir como una clasificación según los valores que tiene la persona. Un arquetipo estará determinado por la forma constante de pensar, sentir, reaccionar y actuar de la persona. Todas las personas suelen vivir o representar un arquetipo concreto en algún momento de sus vidas. Existen 12 arquetipos diferentes. Y suelen usarse mucho en la ficción para crear personajes "tridimensionales", con los cuales las personas puedan identificarse en algunos casos, y también volverse adictos a ellos. Y esto es genial para usarse en una historia de no ficción como vimos en un capítulo anterior. Si el héroe de tu historia serás tú, con más razón recomiendo que leas todo este capítulo.

Más adelante, después de la clasificación de Carl Jung, se empezaron a utilizar los arquetipos para clasificar a las marcas de empresas, y no solo para utilizarlos en las personas. Algunas empresas empezaron a adaptar su propia marca (de forma consciente) a un arquetipo determinado. De esta forma, los consumidores que tenían ese tipo de personalidad, elegirían esa marca para comprarle y hacer negocios. La elegirían para convertirse en seguidores, y después, en superfans.

Por lo tanto...

Ya sea que quieras crear una marca personal o corporativa, podrás adaptar esa marca a (al menos) un arquetipo determinado. Puedes adaptar tu marca hasta 2 arquetipos si lo prefieres. Más de dos no aconsejo. Como siempre me gusta decir, si vas a usar una marca personal para vender, no aconsejo que finjas un arquetipo. Simplemente analiza cuáles son tus valores y en base a eso elige el arquetipo con el cual te identificas.

Ahora...

Vamos a ver los 12 arquetipos que existen para ver cuál es el que mejor se adapta a tu marca personal o marca de negocio. Y puedas así conectar mejor con tu audiencia objetivo, y sobre todo, vender más de tus productos. Y para que entiendas bien la personalidad de cada uno, voy a dar ejemplos de personas reales, personajes ficticios y empresas que se identifican con cada uno de ellos.

Esto va a ser un poco largo. Así que prepárate una buena taza de café o té o lo que sea que te guste tomar... y comencemos.

El Creador

Una marca o persona que se identifica con este arquetipo está motivada por la **innovación**. El Creador tiene una gran imaginación y sorprende a todos con sus creaciones. Es una persona o empresa adelantada a su tiempo que crea todo aquello que pueda imaginar su mente. Tiene un gran deseo de crear algo nuevo y excepcional. El Creador no se conforma con la mediocridad (ese es su gran temor). Siempre busca la belleza en sus creaciones y la necesidad de innovar (de más está decir que son personas o empresas muy creativas). Al Creador no le interesa encajar en la sociedad. Simplemente le preocupa sus creaciones. Todo aquello que este arquetipo pueda crear lo hará según sus ideales y jamás se «venderá» ante nadie. Sus creaciones serán creadas en base a lo que le guste. Jamás intentará complacer a otras personas con sus creaciones. Las marcas que se identifican con este arquetipo suelen comunicar su proceso de producción, innovación, destreza u otras cosas relacionadas con lo que están emprendiendo. El Creador está orgulloso de sus creaciones.

Con respecto a la marca personal, el Creador puede ser un…

- Artista

- Escritor

- Fotógrafo

- Científico

- Arquitecto

- Emprendedor

Entre las personas reales, podemos encontrar que **Walt Disney** y **Leonardo da Vinci** tenían este tipo de personalidad o arquetipo. Las creaciones de Walt Disney llegaron a volverse casi una obsesión para él. Walt Disney siempre había buscado el perfeccionismo y la innovación en sus producciones. Su motivación no era solo económica, sino también artística. Un ejemplo de esto se vio durante la producción de Blancanieves. Disney dedicó largas horas a reuniones y sesiones de trabajo, a menudo trabajando en pequeños detalles para asegurarse de que todo fuera perfecto. Su obsesión con la perfección y su incapacidad para delegar completamente hicieron que el progreso de Blancanieves fuera lento. Pero eso no le importó con tal de crear algo que todos amaran.

Entre los personajes ficticios, **Tony Stark** representa al arquetipo Creador al haber creado su traje de Iron Man. O el **Dr. Emmet Brown** de "Back to the Future" al haber creado su máquina del tiempo en un auto DeLorean.

Entre las empresas que se identifican con este arquetipo, no pueden faltar **Apple** y **Adobe**. Apple desde sus inicios ha sabido innovar con sus productos (aunque en sus inicios tuvo también otro arquetipo llamado Rebelde y que lo veremos en unos momentos). Y Adobe también lo ha hecho con productos como Photoshop, y le ha dado a las personas las herramientas necesarias para que puedan crear.

El Bufón

Una marca o persona que se identifica con este arquetipo está motivada por la **diversión**. Las marcas que se identifican con el Bufón se sienten orgullosas de entretener a los demás. Y ponen mucho énfasis en el humor, la diversión y la espontaneidad. El Bufón se centra en vivir el momento presente y siempre está bromeando. No se toma la vida tan seriamente y le gusta estar rodeado de personas para divertirse o para divertirlas. El Bufón es el alma de la fiesta, es aquel amigo con el cual

La Venta Invisible

quieres pasar tiempo porque te hace reír con sus bromas constantemente. Este arquetipo suele vestir prendas llamativas y casuales. Su objetivo es llamar la atención de las demás personas. Y le gusta mucho asistir a fiestas para divertir a sus amigos. Por lo general es súper extrovertido (mi lado opuesto), debido a su pasión por querer estar rodeado de personas para hacerlas reír. Es una personalidad magnética, ya que muchos quieren estar acompañados de una persona que los haga reír. Su objetivo en la vida es nunca aburrirse y tampoco aburrir a los demás. Al Bufón por lo general le gusta romper las reglas simplemente porque piensa que eso es divertido. Y por lo tanto no le agrada mucho seguirlas.

Ejemplos conocidos de bufones en la vida real son **Jim Carrey** o **Robin Williams**. En el mundo de la ficción lo sería **Bart Simpson**, **Ace Ventura**, o el **Genio** creado por Disney en Aladdín. En cuanto a las marcas de empresa, **Pepsi** y **Fanta** representan el arquetipo del Bufón, ya que ambas enfatizan la diversión. Si quieres atraer a un público joven, este podría ser un arquetipo a adoptar.

El Héroe

Una marca o persona que se identifica con este arquetipo, también denominado Guerrero, está motivada por superarse a sí misma mediante el **coraje** y la **determinación**. El Héroe es un ganador, alguien que cumple metas que son inalcanzables para la mayoría. Logra sus objetivos de forma muy eficiente, para poder hacer del mundo un lugar mejor. Trabaja duro para adquirir las habilidades que considera indispensable para su trabajo y se enorgullece de que sus éxitos los distinga del resto. El Héroe o Guerrero es el personaje favorito de la ficción de la gran mayoría, ya que suele ser el protagonista de algunas de las historias de superhéroes o películas de acción, donde es el personaje principal y salva al mundo del mal. Para el Héroe, la vida es un campo de batalla, donde debe demostrar su valor para cumplir su misión. Puede ser un torneo, un rival en el mundo empresarial o una batalla consigo mismo. Este arquetipo siempre está buscando un desafío y no puede vivir sin una causa. Y siempre está en busca de defender al menos protegido que no puede defenderse solo.

Además…

El Héroe tiene una gran disciplina y no se rinde nunca. Siempre intenta dominar nuevas habilidades para superarse a sí mismo y de esta manera lograr objetivos cada vez más grandes y difíciles. El Guerrero muchas veces es adicto al éxito. Este arquetipo dará todo por tener éxito o morirá en el intento. Está dispuesto a sufrir en el proceso si es necesario. Pero jamás se rendirá. Las personas que están alrededor del Guerrero deben demostrar que son dignas de ser parte de su vida. El Guerrero no le gusta estar rodeado de personas que nunca se han arriesgado por lograr algo importante en sus vidas. Este personaje solo respeta a aquellos que han logrado algo importante. Juzga a las demás personas por lo que han hecho y por lo que hacen, y no por lo que dicen que les gustaría hacer o lo que van a hacer en el futuro. Cualquier persona puede decir aquello que le gustaría hacer. Pero muy pocos se atreven a dar el primer paso.

Este arquetipo puede utilizarse para vender tanto infoproductos de emprendimiento como relacionados con deportes (por ejemplo: para ganar masa muscular).

Entre los personajes ficticios, **Rocky Balboa** es considerado un Héroe. Durante toda la saga Rocky ha intentado probar su valía peleando con adversarios cada vez más difíciles de derrotar. Y lo ha logrado siempre a fuerza de trabajo duro y dedicación. Otro personaje Guerrero o Héroe lo es **Hércules**. Hércules es un Héroe porque debe cumplir con ciertos objetivos o misiones, y demostrar a aquellos que cuestionaban su valía como semidiós, que tiene la capacidad de lograr grandes hazañas. En la vida real, personas como **Mahatma Gandhi, Martin Luther King Jr. y Bruce Lee** poseían las características del arquetipo Héroe. Entre las marcas con este arquetipo podemos encontrar a **Nike** y **Amazon**.

Ahora...

La siguiente es solo una parte de la historia que una vez quise usar en el mercado americano pero que nunca la usé. Esta historia es solo para que entiendas el uso del arquetipo del Guerrero. La finalidad de esta historia era intentar vender un curso para lograr completar la carrera Beast del famoso torneo de los Estados Unidos llamado Spartan Race. Según la página web de Spartan Race de España, *"Spartan Race es líder en el mundo de las carreras de obstáculos, ofreciendo tandas para todos los niveles de forma física, así como tandas competitive y elite dónde se convierte en algo más que una prueba. La carrera de obstáculos pionera en ofrecer cronometraje y rankings globales, Spartan Race ofrece opciones para principiantes y profesionales de las carreras de obstáculos que buscan ponerse a prueba con nuevos desafíos en todo el mundo".* El curso a vender debía preparar a las personas para que sean capaces de completar la carrera Beast, que es la más larga de las carreras de Spartan Race, consistiendo en correr 12 millas (19.3 km). También está la carrera Sprint y Super. La Sprint consta de 3 millas (4.8 km). Y la Super de 8 millas (12.8 km).

Veamos el ejemplo:

Si te dices a ti mismo mentiras como "No soy un corredor" o "Nunca podría hacer eso", te estás autosaboteando.

Una vez me dije todas esas mentiras. Pero mediante la perseverancia y el trabajo duro, ya he corrido varias carreras y las disfruté a todas. ¡Tú también puedes hacer esto y créeme que cambiará tu vida!

En mayo de 2017 corrí mi primera carrera de Spartan Race. Fue la de 3 millas y la hice en 30 minutos. Apenas podía respirar cuando terminé y tuve que caminar la última milla.

Se me había acabado todo el aire. Casi no podía respirar. Pero tuve que convencerme de que no estaba cansado. No había entrenado para esta carrera. Pero supuse que estaba en buena forma.

Si te preguntas por qué lo hice, simplemente porque necesitaba saber el esfuerzo que requería la carrera de 3 millas para idear un plan para correr y completar la de 12.

El Spartan Race es una carrera de obstáculos donde corres contra otros atletas. Pero lo más importante, contra ti mismo.

Hay tres tipos de carreras: Sprint, Super y Beast, a 3 millas, 8 millas y 12 millas respectivamente. Cada carrera viene con varios obstáculos, tales como escaladas de cuerda, alambre de púas, arrojar lanzas o transportar una piedra redonda de 45 kg.

En ese momento mi peso estaba en 90 kilos y no era un corredor. Pero tenía una misión: completar la carrera Beast en el menor tiempo posible. Y la carrera de las 3 millas era mi punto de partida para cumplir con esa misión.

La Venta Invisible #224

Pero quizás te estés preguntando por qué necesitaba cumplir esta "misión". Verás... siempre me ha gustado el deporte. Hace 10 años que voy al gimnasio y sin falta. El gimnasio me ofrece muchas formas de desafiarme a mí mismo.

El gimnasio es una oportunidad para mostrarme lo que puedo hacer. También me permite medir mi progreso de varias maneras. ¿Puedo hacer más repeticiones? ¿Puedo añadir un kilo más a la barra? Cuando puedo hacer este tipo de avances, me da una verdadera sensación de satisfacción. También me hace sentir que puedo hacer lo que me proponga.

Pero llegó un momento en que necesitaba probar nuevos desafíos. Más grandes y más difíciles. Y un día lo vi en internet: el torneo de Spartan Race. Inmediatamente me atrajo. Cuando vi los videos de la carrera, supe que tenía que lograrlo. Así que me puse esa meta.

Sabía que tenía un largo camino por recorrer, pero si podía correr las 3 millas, definitivamente más adelante podría correr las 12 millas con el entrenamiento adecuado. Y así me rompí el trasero durante meses.

En unos 90 días, perdí 9 kilos. Trabajé en mi fuerza y mi resistencia. Me levantaba antes del amanecer y corría antes del trabajo. Iba al gimnasio después del trabajo los días en que no corría. Y cada vez me presionaba más. Los límites no existían para mí.

Se necesita dedicación y corazón para ganar una de estas medallas del Spartan Beast. Y te aseguro que cambiará tu vida.

JuanSchukin.com

Como puedes apreciar, he incluido los valores que el Guerrero predica. Esos valores son dedicación, superarse a sí mismo o adicción por lograr objetivos cada vez más grandes que uno mismo.

El Aventurero

Una marca o persona que se identifica con este arquetipo está motivada por la **libertad**. El Aventurero también es identificado con el nombre de Explorador. Este arquetipo siente un gran deseo de salir de su zona de confort que rodea a su vida cotidiana e ir en busca de una aventura. El Aventurero es valiente y ama el desafío. Los desafíos están más relacionados con comprenderse a sí mismo que con probar algo a los demás, y está en un viaje eterno de descubrimiento. El temor más grande de este arquetipo es estar atrapado en un mundo monótono y aburrido. O vivir una vida sin ningún significado, una vida vacía que no lo satisface. Hablando más específicamente sobre las personas, el Aventurero es una persona que está en busca del "paraíso". Escapa de su vida ordinaria, rutinaria y aburrida para ir en busca de la aventura. Viajará por el mundo y explorará sus misterios. Buscará en el mundo material aquello que lo haga sentirse lleno por dentro. Al igual que el Héroe o Guerrero, el Aventurero está motivado por una vida auténtica y que lo haga sentirse satisfecho. Pero el Aventurero no necesitará de una causa externa o injusticia para intentarlo. A este arquetipo no le gusta estar atado a nada y no le gusta las responsabilidades. Es un espíritu libre. No quiere estar atado a un trabajo. Y si lo está, probablemente renuncie en algún momento de su vida para hacer lo que más le gusta. Muchas personas que hacen negocios por internet vendiendo infoproductos o que son nómadas digitales suelen identificarse con este arquetipo.

Un personaje ficticio muy conocido que cumple con el arquetipo de Aventurero es **Indiana Jones**. Su pasión siempre es ir en búsqueda de nuevos misterios y aventuras, como el Arca de la Alianza o el Santo

La Venta Invisible

Grial. Otro personaje ficticio también lo es **Gulliver**, quien después de naufragar debido a una tormenta llega a una isla desconocida. Y eso será el comienzo de sus aventuras alrededor del mundo. Entre los personajes de la vida real, **Marco Polo** y **Cristóbal Colón** fueron Aventureros. Ambos viajaron por el mundo y descubrieron nuevas tierras. En cuanto a las marcas, empresas como **Patagonia** o **Jeep** representan el arquetipo del Aventurero, ya que ambas empresas venden productos para aquellos que quieren salir y descubrir la naturaleza que está allí afuera.

A continuación, tienes un pequeño texto para ejemplificar la libertad que busca el Aventurero…

> **Primero comencé a pensar acerca de lo que NO quiero de un trabajo...**
>
> No quiero ningún jefe. No quiero entregar mi tiempo a otra persona.
>
> No quiero nunca más tener que levantarme tan temprano a la mañana, especialmente con el molesto ruido del despertador.
>
> Ya no quiero más seguir yendo al trabajo en auto y perder dos horas de viaje entre ida y vuelta... frustrado con el estresante tráfico de cada día.
>
> No quiero ir a trabajar a ninguna oficina.

JuanSchukin.com

Tampoco quiero ser parte de un negocio "normal", lidiando con problemas como la tienda física, una gran inversión, inventario, empleados o llevar la contabilidad.

Y no quiero nada que requiera una gran educación universitaria de 5 años o habilidades especiales, porque no tengo absolutamente nada de eso y tampoco tengo el tiempo ni el dinero para obtenerlo.

Seamos honestos. La vida del 98% de las personas es monótona y aburrida. Es deprimente. Y lo peor de todo, es que muchos se dan cuenta de esto cuando les falta pocos años para retirarse, ya muy viejo y cansado para empezar nuevamente.

La gran mayoría de las personas se levantan muy temprano en la mañana. Desayunan rápido. Salen corriendo al trabajo para pasar 8 horas o más encerrados en una oficina...

... para después llegar a la noche muy cansado a sus casas y arrojarse al sofá para descansar el poco tiempo que les queda antes de irse a dormir. Y al día siguiente se preparan para seguir la misma aburrida rutina que acabo de describir.

Las personas son esclavas del sistema de trabajo actual. Y no logran salir de esa carrera de la rata. Este sistema les arrebata lo más preciado que existe:

LA LIBERTAD

Esa es la razón por la cual empecé a pensar en lo que SÍ quiero de un trabajo.

Quiero trabajar desde casa o donde sea que yo quiera. Quiero un trabajo que me dé el tiempo libre que deseo pasar con mi familia.

Quiero un ingreso que me dé más de lo que necesito para pagar las facturas de toda mi familia y que nos permita viajar por el mundo para descubrir los hermosos lugares que tiene nuestro planeta.

Quiero tomarme un descanso cuando yo quiera y quiero tener mucho tiempo para otras personas, incluido para mí y mis pasatiempos.

Quiero un trabajo que disfrute el 100% del tiempo.

Y así fue como encontré el trabajo perfecto para mí que me daría esa libertad que tanto estaba buscando. Así me topé con los productos de información.

En el ejemplo podrás notar que pongo mucho énfasis en la libertad financiera y en lo aburridas y monótonas que son las vidas de las personas que son esclavas de sus trabajos. Así es como piensa un Aventurero.

El Amante

El Amante busca ser **deseado**. Las marcas que representan este arquetipo ponen al deseo en el centro de la escena. Estas marcas prometen belleza, experiencias sensuales y atractivo físico y sexual. Y por lo general basan sus mensajes en temas como el placer, la intimidad y la pasión.

Con respecto a la marca personal, el Amante lo que quiere es crear relaciones significativas y duraderas. Lo que busca es la belleza y el placer, pero no necesariamente en las personas. Busca el placer en aquello que sea importante para él o ella, como:

- Tocar el piano

- Autos elegantes

- Vestimenta

- Joyas

- Alimentos gourmet o vinos

- Maquillaje

- Placer sexual

Como ves, puede ser cualquier cosa que le produzca placer. Al Amante le gusta dar amor y recibirlo. Y esto lo puede lograr de varias formas, ya sea con abrazos, con el placer sexual, o al compartir con otra persona ciertos gustos o hobbies en común. El Amante no está tan

La Venta Invisible #230

interesado en pertenecer a un grupo, sino en llevarse bien con una persona determinada. Puede ser una pareja, un amigo o un familiar. El Amante busca sintonizar y que la otra persona se sienta cómoda con su compañía. No se conforma solo con verse bien frente a las demás personas. El Amante directamente quiere ser hermoso. No intenta lucir bien solo cuando está en presencia de otras personas, sino que siempre intentará verse bien, aunque esté solo.

Entre los personajes ficticios, puedo citar a **Romeo y Julieta**. Ambos personajes poseen las características del Amante. Tanto a Romeo como a Julieta le interesa el amor del otro. Sin ese amor, ninguno de los dos puede vivir. Y así es como prefieren la muerte cuando no les es posible estar juntos. Entre los personajes reales, podría citar a **Madonna** o **Marilyn Monroe**. Entre las marcas, por lo general aquellas empresas que basan sus negocios en venta de chocolates, perfumes o lencería representan al arquetipo del Amante. Entre ellas, podemos encontrar a **Chanel** y **Victoria's Secret**.

¿Recuerdas la publicidad de John Caples sobre tocar el piano que mencioné en el capítulo sobre la Gran Idea? El personaje de esa historia es un Amante. Veamos la historia de John Caples para que veas una de las tantas formas sobre cómo escribir acerca de este tipo de personajes...

> **Arthur acababa de tocar "The Rosary". La sala vibró debido a los aplausos. Decidí que éste sería el momento dramático de mi debut. Para asombro de todos mis amigos, caminé con paso seguro hacia el piano y me senté.**
>
> **"Jack está haciendo uno de sus viejos trucos", alguien dijo con tono de burla. La multitud se rio. Todos estaban seguros de que no podía tocar una sola nota.**

La Venta Invisible #231

"¿Realmente puede tocar?", escuché a una mujer susurrarle a Arthur.

"¡Caramba, no!", exclamó Arthur. "Nunca tocó una nota en toda su vida... pero veamos. Esto va a estar bueno."

Decidí aprovechar al máximo la situación. Con fingida dignidad, saqué un pañuelo de seda y desempolvé las teclas del piano. Luego me levanté y di un cuarto de vuelta al taburete giratorio del piano, tal como lo había visto hacer a un imitador de Paderewski en un boceto de vodevil.

"¿Qué piensas de su actuación?", gritó una voz desde atrás.

"¡Está muy bien!", respondió otro. Y la multitud se murió de la risa.

Entonces Comencé a Tocar...

Instantáneamente, un silencio tenso cayó sobre los invitados. La risa se esfumó de sus rostros como por arte de magia. Toqué los primeros compases de la inmortal Moonlight Sonata de Beethoven. Escuché murmullos de asombro. Mis amigos se quedaron sin aliento, hechizados.

Seguí tocando y mientras tocaba me olvidé de las personas que me rodeaban. Olvidé la hora, el lugar, los oyentes sin aliento.

La Venta Invisible #232

El pequeño mundo en el que vivía parecía desvanecerse, parecía oscurecerse, irreal. Sólo la música era real. Sólo la música y las visiones que esta trajo. Visiones tan bellas y tan encantadoras como el viento soplando las nubes y la luz de la luna a la deriva que hace mucho tiempo inspiró al maestro compositor.

Parecía como si el maestro músico en persona me estuviera hablando, hablando a través de la música, no con palabras sino con sus notas musicales. ¡No en oraciones sino en exquisitas melodías!

Presta atención al texto debajo del título "Entonces Comencé a Tocar". Existe como una especie de conexión entre la música y Jack (la persona que toca el piano). El texto describe cómo inmediatamente comienza a sentir placer al empezar a tocar el piano.

Por lo general, el arquetipo del Amante es perfecto para nichos relacionados con el arte o la música. Otro ejemplo muy corto relacionado con la pintura sería:

Pintar es una forma de expresarme. Tengo una necesidad de crear y a la vez liberar esa creatividad que llevo dentro.

Cuando me concentro en la pintura u otras actividades creativas, todo lo demás desaparece y siento que estoy en el Estado de Flujo.

Soy feliz cuando pinto. Es la mejor sensación del mundo. Me ayuda a escapar a otro lugar que es realmente reconfortante

JuanSchukin.com

para mí, lejos del estrés de la vida y de lo que debes enfrentar en la realidad.

Cuando pinto siento que estoy en este otro lugar, tan diferente de lo real, tan cálido y placentero. Me siento realmente en paz cuando pinto y me olvido de todo lo demás.

Cuando pinto, siento que mis manos empujan las paredes que amenazan con encerrarme y me ayudan a abrirme paso a las posibilidades que el Universo tiene para ofrecer. Pintar expande mi mundo y me ayuda a reafirmar mi lugar en él.

El Inocente

El Inocente es un **idealista** y un gran **optimista**. Retrata el mundo que lo rodea como un lugar feliz. Este arquetipo es súper positivo y honesto. El Inocente intenta hacer del mundo un lugar mejor. Cree en el cuidado del medio ambiente. Defiende los derechos de los animales. Y come sano. El Inocente defiende los derechos de las personas homosexuales y por lo tanto cree en el matrimonio del mismo sexo. Este arquetipo cree que la vida debería ser simple y fácil, sin grandes compromisos. Intenta hacer lo que es correcto y parecer auténtico ante las demás personas (lo que lleva a que a veces se convierta en un hipócrita). Este arquetipo está en contra de las grandes corporaciones. Y por lo general dice que no le importa los objetos de lujo, aunque los consume igual, a veces disimuladamente. La personalidad de un Inocente suele ser parecida a la de un niño: despreocupado por las obligaciones. El Inocente piensa que no hay que trabajar duro para alcanzar tus metas en la vida (la mayoría de los progres suelen caer en este arquetipo). Cree en las soluciones fáciles y las píldoras mágicas. Por lo general, los falsos gurús suelen adoptar este arquetipo para vender sus productos, ¿porque quién no quiere soluciones rápidas y

La Venta Invisible

fáciles en esta vida? Muchas veces te dirán que empezar un negocio y ganar mucho dinero es fácil. En algunos cursos de ganar dinero online, algunos te dirán que es tan fácil que hasta un niño de 10 años puede hacerlo. Ese sería el típico discurso de un Inocente (aunque quiero aclarar que no estoy diciendo que una persona sea un falso gurú si afirma lo anterior dicho).

Veamos un ejemplo de una historia donde se adapta el arquetipo del Inocente. Esta historia la tomé del sitio web ganandodineroporencuestas.com, el cual ya no existe más…

> Hola, soy Gerardo, y esta es mi historia…
>
> Todos los días cuando me levanto hago el desayuno para mi hija y la llevo a la escuela. Generalmente hago ejercicios y realizo algunos trámites antes de volver a casa y ponerme a "trabajar".
>
> Sin embargo, es difícil llamarlo "trabajo", porque todo lo que hago es dar mi opinión sobre productos y sitios web, ¡y me pagan en EFECTIVO!
>
> Las empresas necesitan nuestras opiniones para mejorar sus productos y así ganar aún más dinero, ¡y por eso pagan muy bien!
>
> Lo mejor es que TODOS pueden hacer encuestas pagas. No importa si eres joven o adulto, hombre o mujer, o qué idioma hablas. ¡Recibirás dinero por tu opinión!

Cuesta creer lo genial que es mi vida ahora porque no siempre fue así...

(...)

Todo cambió cuando un amigo me mostró un cheque que recibió por hacer una encuesta.

Quedé sorprendido cuando mi amigo me mostró un cheque por $300 dólares que había recibido. Lo que me contó después cambió mi vida para siempre.

"¿Las empresas me van a DAR DINERO por mi opinión???"

No podía creer lo que me estaba contando.

¿Por qué no supe de esto antes? Cuando él me dijo que hay empresas que gastan miles de millones cada año en investigación de mercado, me emocioné mucho y comencé a hacerle más y más preguntas. Me contó todo lo que sabía y entonces me inscribí para empezar a hacer encuestas ese mismo día.

¡Sin darme cuenta, comenzaron a llegarme 5-10 invitaciones para encuestas por día!

¡Ahora era yo quien recibía cheques por cientos de dólares en mi correo TODAS LAS SEMANAS!

Es una historia muy simple. Pero si prestas atención, el autor intenta resaltar el hecho de que es muy fácil ganar dinero por internet tan solo llenando encuestas y que así puedes generar miles de dólares al mes. Es la típica píldora mágica que venden los Inocentes... y vendehumos.

En fin...

En el mundo literario, un personaje con el arquetipo del Inocente es **Blancanieves**. Ella es buena con todo el mundo y no desconfía de las personas. Su extrema bondad es su enemiga, ya que piensa que las personas no tienen maldad, provocando que no desconfíe de la reina malvada. Como Inocente que es, ama a los animales y a sus amigos los enanos. Otro personaje Inocente es **Peregrin Tuk (Pippin)**, uno de los hobbits de la novela "El Señor de los Anillos". Pippin es un personaje alegre casi como un niño. Y amante de la libertad. Y debido a su inocencia le resulta difícil lidiar con los peligros con los cuales se enfrentan los personajes en la novela. En la vida real, **Tom Hanks** y **John Lennon** representan este arquetipo. Entre las marcas, **Dove** y **Coca Cola** representan al arquetipo del Inocente.

El Cuidador

El Cuidador, como su nombre lo indica, es un arquetipo cuyo deber es el de **proteger** a los demás. Ofrece su ayuda y su amor desinteresado porque es una persona altruista. Y por lo tanto, no espera nada a cambio. El Cuidador dedica tiempo para apoyar a los demás. Comparte lo que tiene. Es empático, ya que se identifica personalmente con las personas y las causas que le preocupan. Cualquier padre o madre que cuida de sus hijos posee las características de un Cuidador. Como un padre o una madre modelo, el Cuidador teme por el sufrimiento de las personas que protege, y estaría dispuesto a entregar su tiempo u otras cosas para evitar ese sufrimiento.

Existen dos tipos de Cuidadores que puedes adoptar si utilizas una marca personal:

- el Tolerante

- y el Estricto

El **Tolerante** es aquel Cuidador que todo lo permite. Es la clásica relación entre una madre y su hijo pequeño. A cierta edad del niño, la madre lo permite todo. En el caso del marketing, a tu potencial cliente le vas a perdonar todos los errores que ha cometido. Para entender mejor esto último, veamos un ejemplo en el nicho de bajar de peso. Aquí, el Tolerante le perdonaría que no se haya cuidado con las comidas, que no haya hecho ejercicio, que no tome nota de cómo su peso está variando, etc. El Tolerante dice que la culpa no es de la persona. Este tipo de relación entre Cuidador y clientes funciona cuando tu audiencia está integrada por personas que no aceptan la responsabilidad de sus actos.

En cambio…

En el caso del **Estricto**, la relación entre Cuidador y cliente es como la relación entre una madre y un hijo adolescente. Aquí el Cuidador dice que la culpa es del cliente. Aquí hay disciplina y no se tolerará todo aquello que el cliente haga. Si usamos otra vez el ejemplo de bajar de peso, un Estricto le diría a su audiencia que ellos pueden bajar de peso si quieren. Solo deben tener la fuerza de voluntad necesaria para comer los alimentos correctos todos los días y ejercitarse periódicamente. Lo que necesitan es disciplina y tú estás aquí para impartirla. Este tipo de personaje no funcionaría con tu audiencia si tus potenciales clientes no aceptan la responsabilidad de sus actos.

En la vida real, un ejemplo de Cuidador lo es la **Madre Teresa de Calcuta**, quien ayudó a una gran cantidad de pobres y enfermos. En cuanto a personajes ficticios, un ejemplo lo es **Sam**, el hobbit de «El Señor de los Anillos» que acompañó a Frodo en todo momento hacia Mordor para destruir el anillo. También lo es **Patch Adams**, el médico que intenta curar a sus pacientes usando el humor como herramienta. O también **Obi Wan Kenobi**, el Jedi que entrenó a Anakin Skywalker. Obi Wan jamás quiso ver el mal que estaba creciendo dentro de Anakin, a pesar de todas las advertencias de los demás Jedis. Obi Wan es el Cuidador Tolerante. Entre las marcas de empresas, tenemos a **Unicef** y **Nivea**.

Veamos a continuación un ejemplo de un Cuidador Tolerante:

> Mira: He tenido clientes que han llegado a mí cuando sus vidas se estaban desbaratando. Devastados y frustrados por su peso y su salud. Y he tenido a clientes que sólo querían perder esos últimos kilos para verse mejor desnudos.
>
> Así, lo he visto todo...
>
> Y he ayudado a hombres y mujeres de todas las edades y tamaños a usar este nuevo abordaje... sin importar por dónde comenzaran...
>
> No sé dónde estás tú ahora... pero sea donde sea que estés, hay esperanza para ti...

La Venta Invisible

> No te sientas mal si intentaste algo y fallaste, porque yo soy profesional y me ha llevado 15 años descubrir lo que estoy compartiendo hoy contigo...
>
> Y lo que puedo garantizarte ahora con certeza es que este Sistema funcionará para ti, no importa tu edad, cuánto peso tengas por perder, o qué comidas amas y se te antojan hoy.
>
> Gracias a los 3 pilares clave que he usado para crear mi protocolo de Medio Día™, simplemente obtendrás lo que TÚ necesitas para perder peso, segura y eficientemente. Déjame hablarte sobre ellos...

En el ejemplo anterior claramente se le está diciendo al lector que no tiene la culpa de absolutamente nada. Y que deje de lamentarse si no ha logrado cumplir con sus objetivos.

Veamos ahora un ejemplo de un Cuidador Estricto:

> Los tipos de la izquierda no son gordos por su edad — son gordos porque comen, piensan y se mueven como una persona vieja, gorda y moribunda.
>
> Beck y yo estamos en nuestros 50 años — mayores que los tipos de esta foto — yo todavía tengo un buen six-pack y Becky transformó su cuerpo del típico de "mamá de edad mediana" al de una mujer delgada, tonificada y súper atractiva que se ve 10 años más joven.

> Escúchame: Tu cuerpo no tiene un reloj. Los estudios han demostrado que hombres y mujeres de 90 pudieron ganar tono muscular en cuestión de semanas con un entrenamiento sencillo con pesas. ¡Personalmente, he visto a hombres y mujeres transformar sus físicos a todas las edades, desde los 25 a los 95 años!
>
> Si estás cerca de esos escépticos que constantemente están hablando del envejecimiento, de todos sus dolores y molestias, y cómo la vida solo va de mal en peor después de los 40 - ¡ALÉJATE! Rodéate de gente positiva, que anhela los retos. Los retos te mantienen JOVEN, y el mejor reto que existe es asumir el control de tu cuerpo y tu salud!

Aunque el ejemplo no es tan explícito, se le está comunicando al lector de forma implícita que parte de la culpa es de él mismo por no haber asumido el control de su propio cuerpo.

El Hombre Corriente

El Hombre Corriente, como su nombre lo indica, **no sobresale de la multitud**. Este arquetipo no se considera superior a los demás y le gusta formar nuevas amistades duraderas con las personas que lo rodean. Lo que desea este arquetipo es pertenencia, es ser aceptado por su grupo. El éxito lo mide según si es aceptado o no por las demás personas que lo rodean. Este arquetipo tiene altos valores morales y siente una gran empatía por el dolor de los demás. No siente atracción por una vida de opulencia o por pertenecer a una élite. La historia de un producto que está destinado a un público masivo debería tener como personaje al Hombre Corriente. Esto es porque la gran mayoría de nosotros tendemos a identificarnos con este personaje. Tendemos a vernos a nosotros mismos como una persona promedio, incluso si hemos alcanzado algún logro en nuestra vida. Y esto sucede porque solemos compararnos con personas famosas o millonarias, lo cual nos lleva a pensar que somos personas promedio.

En el mundo de la ficción, podría nombrar a **Bilbo Bolsón** como un Hombre Corriente. Bilbo entra en este arquetipo porque busca siempre la seguridad de su hogar y es un ser común que no se destaca en nada. Luego, en el viaje con los enanos, se convierte en un extraño entre ellos. Y esto último lo obligará a buscar la aceptación de su nuevo grupo, una de las características del Hombre Corriente. O también puede dar como ejemplo a la serie **Friends** de los 90, ya que cada uno de sus personajes representa a este arquetipo, debido a que no se destacan en nada y son personas comunes y corrientes. Y que, obviamente, fueron creados así para llegar a las masas… y no se equivocaron. En el mundo real, **Julia Roberts** y **Matt Damon** representan este arquetipo. Entre las marcas, **Ikea** y **Budweiser** se identifican con el Hombre Corriente, ya que ambos intentan vender a un público masivo.

El Líder

El Líder lo que desea es **control** y tiene una personalidad **dominante**. El Líder puede ser un rey, una reina, un presidente, el CEO de una compañía, un jefe, el director de una escuela, entre otros. Un Líder está siempre en lo más alto de la "cadena alimenticia". Es un personaje que exhibe autoridad y que debe hacerse cargo de un país, empresa, grupo de personas, etc. Es el responsable del "mundo" que habita. Y espera que las personas a las cuales "gobierna" lo obedezcan. Por lo general en la literatura se lo suele representar de tres formas:

- Como el gobernante que muere al principio o que es secuestrado o imposibilitado para seguir gobernando para el bien de su pueblo.

- Como el villano, ya que no necesariamente tiene que ser el bueno de la historia.

- Como el personaje que se convierte en Líder al final de la historia luego de una o varias transformaciones del personaje.

El Líder siempre busca tener el control para lograr mantener el orden y eliminar cualquier posible caos que pueda surgir. Y de esta forma asegurar el bienestar de las personas que gobierna. El miedo del Líder es no poder tener el control del ambiente que lo rodea. Y de ser "destronado". Este personaje (si no es el villano) cree que su autoridad para gobernar debe ser otorgada por aquellos que lo siguen y nunca apoderarse de su trono por la fuerza. Otra de sus características es que intentará no mostrar ningún enojo. Es muy cauto en cuanto a sus emociones.

Aunque se entiende bien qué clase de personas de la vida real caen en este arquetipo, personas famosas de la historia como **Napoleón Bonaparte** o **Genghis Khan** pueden ser consideradas Líderes. En cuanto a personajes ficticios, el **Rey Arturo, Aragorn, Mufasa** y el **Presidente Snow** ("Los juegos del hambre") cumplen con el arquetipo del Líder.

En tu marketing, puedes intentar imitar a este arquetipo si te animas, pero debes tener mucho cuidado, ya que si no sabes cómo controlarlo, te puede explotar en la cara como casi le sucede al controversial vendedor **Carlos Master Muñoz**. Para imitar este arquetipo, por lo general siempre lleva consigo accesorios que denotan poder y autoridad. Puede ser su vestimenta. Puede ser su auto. Puede ser alguna insignia. Siempre busca vestir de forma ostentosa o poseer objetos con esas características. Es autoritario en sus mensajes y puede quizás resultar intimidante. Suele tener una enorme confianza en sí mismo. Las marcas que suelen representar este arquetipo son marcas líderes en su mercado y quieren comunicar exactamente eso. Son superiores a sus competidores, las mejores, y lo dejan claro a sus competidores. Algunas de esas marcas son **Rolex** y **Mercedes Benz**.

Sin embargo, como ya mencioné, no aconsejo que uses este arquetipo para tu marca personal, a menos que sepas muy bien lo que estás haciendo. Adoptar este arquetipo podría salir mal si las personas te ven como un presuntuoso. Es más, si eres nuevo en tu nicho, con más razón deberías evitar este arquetipo.

El Sabio

Como su nombre lo indica, las marcas o personas que representan a este arquetipo quieren ser percibidas como **sabias** y con grandes conocimientos. Sus mensajes están relacionados con aprender, dominar un cierto campo de estudio, y con la ciencia. Este arquetipo busca encontrar la verdad y entender cómo funciona el mundo para darlo a conocer con todos. Las universidades o cualquier instituto entran en esta categoría. Básicamente, el Sabio es un arquetipo que siempre intenta resolver problemas mentales para superarse a sí mismo intelectualmente y entender cómo funciona el universo. El Sabio siempre quiere saber más y explicar todo lo que está a su alrededor para resolver los problemas de la vida. Pueden ser adictos al aprendizaje, invirtiendo mucho tiempo en leer libros para seguir aprendiendo. Todo filósofo del pasado como **Sócrates**, **Aristóteles** o personas como **Albert Einstein** entran en esta categoría. Estos personajes conocidos del pasado siempre han intentado explicar cómo funciona el mundo y el universo. En cuanto a personajes ficticios, **Yoda** de «Star Wars» es un Sabio. Yoda posee tanta sabiduría que es un mentor para muchos. Otro personaje lo es **Rafiki**, el asesor del rey Mufasa en «El Rey León» y quien lo aconseja siempre. O el **Profesor X** de los X-Men. Entre las marcas, **Google** y la **BBC** representan el arquetipo del Sabio.

Veamos un ejemplo obtenido del sitio web mindvalley.com, donde Jim Kwik enseña cómo puedes aprender dos veces más rápido.

> Las traumáticas lesiones cerebrales infantiles de Jim Kwik lo inspiraron a dedicar su vida a dominar el cerebro humano.
>
> Llamado "el niño con el cerebro roto" por parte de uno de sus maestros, hoy Jim es uno de los expertos en aprendizaje acelerado más solicitados del mundo entre las celebridades, profesionales y artistas de alto rendimiento, con clientes como Harvard, Nike, Virgin, Fox Studios, y Singularity University.
>
> Durante 3 años, hemos buscado al mejor instructor de lectura rápida y después de ver los notables resultados que han tenido los estudiantes de Jim, creemos que es el principal instructor para desbloquear las increíbles habilidades de tu mente.
>
> Al igual que una de los estudiantes de Jim que acudió a él en busca de ayuda. Esta estudiante juró que iba a leer 30 libros en 30 días. Su madre estaba enferma, diagnosticada con una enfermedad terminal. Los médicos y los científicos habían intentado todo lo que sabían, pero era inútil. A su madre le dieron solo unos meses de vida.

La joven se acercó a Jim para aprender a leer más rápido. Jim le enseñó sus técnicas comprobadas para aumentar su velocidad de lectura y retener la nueva información que aprendía.

Meses después, Jim volvió a hablar con su alumna. Su madre había sanado. Los médicos estaban perplejos en cuanto a su milagrosa recuperación. La madre de la joven atribuyó su increíble salud a las cosas que su hija le enseñó: dice que el conocimiento que su hija aprendió al leer 30 libros en 30 días le salvó la vida.

En el ejemplo se puede ver cómo la madre de la alumna de Jim pudo salvar su vida gracias a la sabiduría adquirida por su hija, quien obtuvo todos esos conocimientos en apenas 30 días.

El Mago

Las marcas que representan a este arquetipo por lo general tratan sobre **fantasía, magia y espiritualidad**. También entran en este arquetipo aquellas marcas que prometen algún tipo de transformación o que harán tus sueños realidad. Estas marcas tienen la habilidad de llevar a las personas en un viaje de transformación haciéndolas experimentar un momento mágico. Marcas de este tipo creen que estamos limitados solo por la imaginación y desafían las leyes de la realidad para lograr resultados impensados y de esta forma crear un mejor futuro. El Mago es un visionario.

El Mago, al igual que el Sabio, quiere entender cómo funcionan las cosas. Pero no por el solo hecho de sentir placer por el aprendizaje, como el sabio. Sino que desea entender cómo funcionan las cosas para curar a los demás o proveerles un mejor futuro. El Mago cree en el cuidado del interior para desarrollarse plenamente en el exterior. Para explicar esto último, cree por ejemplo en la medicina holística, en la meditación, la hipnosis, o en la práctica de «rituales» mentales. Con «rituales» mentales me refiero a prácticas como el agradecimiento, pensar en positivo, escribir y ordenar tus ideas, llevar un diario personal, entre otros. Una marca personal que venda productos de este tipo, como lo hace **Tony Robbins**, podría adoptar el arquetipo del Mago. Algunas de esas prácticas también son enseñadas por gurús como el **Dalai Lama** o **Deepak Chopra**. O también por el autor **Robin Sharma**, quien ofrece muchos consejos para mejorar en nuestra profesión como emprendedores.

Como el Mago es un visionario, también emprendedores como **Elon Musk** y **Steve Jobs** entran en esta categoría. Estos dos emprendedores han imaginado una nueva realidad que algunos consideraban imposible. Y después "casi por arte de magia" lo hicieron realidad. Steve Jobs lo hizo con uno de los primeros ordenadores personales. Luego con el iPod (el reproductor de audio digital portátil). Y luego con el iPhone, considerado el primer smartphone (Nokia ya había lanzado años atrás un smartphone, pero jamás tuvo éxito). Elon Musk lo hizo con SpaceX, creando el primer cohete espacial reutilizable. Y también con Tesla.

En cuanto a personajes ficticios, **Gandalf el Gris** de "El Señor de los Anillos" es un Mago. Obviamente, ya lo sabías si has leído las novelas o visto las películas. Pero presta atención a que dije "el Gris". El personaje de Gandalf el Blanco (ya no más el Gris) es considerado un Sabio, con mucha más sabiduría que antes. Otro personaje sin duda es **Merlín**, el mago de Arturo. Y también **Anakin Skywalker**, pero cuando era niño. Anakin posee tanto poder que el Consejo de los Jedi se niega a entrenarlo para que se convierta en un Jedi. De niño, siempre quiso ser algo mejor de lo que era. Pero de adulto es corrompido por el Lado

Oscuro, que es uno de los temores del arquetipo del Mago: ser corrompido por el mal.

Entre las marcas que representan al Mago, podemos encontrar a **Disney** y a **Honda**.

Veamos un ejemplo de este arquetipo obtenido otra vez del sitio web mindvalley.com.

> **En 1964, en la tranquila ciudad de Laredo, Texas, un ingeniero llamado José Silva dirigía un taller de reparación de radio. Pero aparte de su carrera, también tenía un gran interés en la hipnosis y la mente humana, y pasó la mayor parte de sus noches estudiando las obras de visionarios como Freud, Jung y Adler.**
>
> **La vida de Silva cambió cuando se encontró con una pregunta. A través de su trabajo, fue consciente de la Ley de Ohm, que establece que cuando se reduce la resistencia en un cable, puede pasar más electricidad a través de él. Esto lo llevó a preguntarse...**
>
> **"¿La mente humana tiene 'resistencia'? ¿Y qué pasaría si pudieras reducirla?"**
>
> **Décadas antes de la investigación de Silva, los científicos ya habían descubierto lo que se conoce como los niveles de la mente Alfa y Teta: un estado típicamente experimentado durante el sueño o la meditación, donde las ondas cerebrales se ralentizan y la mente entra en un estado de relajación profunda.**

La Venta Invisible

Silva creía que estos estados elevados de consciencia poseían las llaves de la evolución de la humanidad.

Y así comenzó a crear herramientas y ejercicios mentales específicos que permitirían a una persona ingresar a los niveles Alfa y Teta mientras está despierta. Y aprovechar la intuición, creatividad y curación que están ocultos en nuestro cerebro.

Al principio, Silva usó sus técnicas, que llamó "El Método Silva", para ayudar a sus hijos a mejorar sus calificaciones, aumentar su intuición, creatividad y coeficiente intelectual, y agudizar su memoria.

La voz se corrió rápidamente, las técnicas de Silva continuaron evolucionando, y en cuestión de meses estaba entrenando a personas en su comunidad, luego en todo el país y eventualmente en todo el mundo.

Hoy, más de 5 décadas después, el Método Silva es utilizado por más de 6 millones de personas en 110 países, y ahora estás a punto de experimentar lo que puede hacer por ti.

Como puedes ver, Silva desarrolló (supuestamente) un método para usar los "poderes" ocultos en nuestro interior para transformar nuestra vida en el exterior. Una de las características del arquetipo del Mago.

El Rebelde

A las marcas o personas que representan a este arquetipo no les gusta el mundo tal como está y por esa razón quieren cambiarlo. El Rebelde **cuestiona el statu quo** y no tiene miedo de romper las reglas. Estas marcas suelen ser intrépidas y buscan sorprender al público. A veces no siguen las normas impuestas por los gobiernos, como Uber, o no se apegan a las costumbres de su industria. Y les hacen saber a las personas que está bien no ser una oveja en la sociedad. Aunque el Rebelde puede que actúe por un bien mayor para cambiar algo en la sociedad, por lo general usará prácticas no bien vistas por esta. Un ejemplo lo es el **Batman** de los primeros comics, quien asesinaba a los villanos por un bien mayor. El **Zorro** también es considerado un Rebelde, ya que desafiaba el statu quo para ayudar a los más necesitados. El arquetipo del Rebelde suele cautivar a las personas porque les atrae su rebeldía contra ideas o normas de la sociedad, que suelen ser aceptadas, pero que en el fondo a veces están mal. Esto último es el caso del Zorro: la gente de California seguía las reglas impuestas, pero eran reglas que moralmente estaban mal y por esa razón el Zorro se oponía a ellas.

Si bien el Héroe y el Rebelde pueden que luchen por una causa mayor, existe una diferencia entre ellos. El personaje del Héroe por lo general busca ser admirado por la sociedad y se relaciona con los miembros de ésta. En cambio, el Rebelde se mueve en una esfera que está fuera de la sociedad. Al Héroe no le molesta estar acompañado por otros en su misión, mientras que el Rebelde es más bien un lobo solitario con su causa. En algunos casos, el Rebelde puede que muestre a la sociedad su imagen de revolucionario a través de vestimenta negra, con tatuajes, piercings o motos.

Personas en la vida real que representan al Rebelde son **Muhammad Ali** y **Miley Cyrus**. Entre las marcas, las empresas Harley-Davidson y Uber representan a la perfección al Rebelde. La empresa Harley-Davidson representa al motociclista que viste chaquetas de cuero color negras y que parece un tipo duro. Uber, en cambio, es un Rebelde porque ha ignorado muchas veces las normas impuestas por algunos estados de los Estados Unidos y ha recurrido a las redes sociales para buscar apoyo en contra de esas reglas. Steve Jobs fue considerado también un Rebelde debido a su actitud desafiante, como cuando desafiaba a IBM públicamente.

En los nichos de salud, siempre adoptaba el arquetipo del Rebelde para vender mis productos, ya que podía desafiar el statu quo impuesto por la comunidad farmacéutica, la medicina moderna y/o la industria alimenticia. En estos nichos, por lo general se acusa a las empresas farmacéuticas de no buscar una cura para las enfermedades como la diabetes tipo II, porque de esta manera los enfermos seguirán comprando sus medicamentos de por vida para tratar solo los síntomas.

Veamos un ejemplo obtenido de la página web bloodsugarfix.org (que ya no existe), el cual modifiqué levemente para adaptarlo al idioma español:

> Sentí un dolor intenso en el pecho y me desplomé en el suelo con dolor. "¡Cariño llama a la ambulancia!" Le dije a mi esposa.
>
> Mientras yacía en el suelo, miré la foto de nuestros hijos en la mesa. Y recuerdo haber pensado que esa podría ser la última vez que los veía.
>
> Mi esposa corrió a mi lado, gracias a Dios que estaba en casa. Marcó el 911 y comprobó mi nivel de azúcar en la sangre. Era

380, y estaba teniendo un ataque al corazón. Yo sabía que solo tenía unos minutos antes de que fuera demasiado tarde.

Sólo unos minutos...

Mi esposa Melanie estaba hablando por teléfono con la sala de emergencias y rápidamente tomó la insulina. Pasaron pensamientos por mi cabeza mientras dolores punzantes perforaban mi pecho.

Lo siguiente que recuerdo es haberme despertado en el hospital con un médico mirándome directamente, mi esposa sentada a mi lado, las lágrimas corriendo por sus mejillas.

Mis hijos estaban cerca, mirando a un padre que nunca antes habían visto en ese estado. Como ya te habrás dado cuenta, yo era diabético. Y en ese momento me sentí más débil e indefenso que en toda mi vida.

Lo que no sabía es que el 65% de los diabéticos mueren de enfermedades cardíacas, ataques cardíacos y accidentes cerebrovasculares. Y el riesgo de muerte por enfermedad cardíaca y accidente cerebrovascular es dos veces mayor en personas con diabetes.

"Pudo haber muerto hoy". Dijo el médico amablemente mirándome a mí y a mi familia. "Si usted no modifica algo en su vida, tendrá otro ataque al corazón en un mes".

La Venta Invisible

No quería creerlo. Amaba a mi esposa y a mis hijos. Y mi sueño era caminar por el Gran Cañón algún día. Recuerdo estar allí llorando y pensando en mi familia. Ese día pudo haber sido mi último día de mi vida, desapareciendo en la oscuridad para siempre.

Si eso sucedía, ya no podría ver nunca más las hermosas sonrisas en los rostros de mis hijos y nietos. No iba a verlos crecer, casarse o formar su propia familia.

Mientras permanecía acostado en esa fría habitación del hospital, me sentí asustado y avergonzado como nunca en mi vida. Podría haber hecho algo antes, pensé. Pude haber dejado a mi familia sola, sin apoyo y sin amor.

Mi esposa y mis hijos hubiesen pasado por un dolor insoportable para enterrar a su padre y esposo. Solo ese pensamiento me hizo sentir aún más asustado.

"¿Cómo podría hacerles eso?" Pensé. Me volví hacia ellos y los abracé. Todavía me sentía débil, cansado y avergonzado. Nunca pensé que esto podría pasarme, pero fue real. El ataque cardíaco fue real. El hospital fue real. Todo fue real.

Y el hecho de que podría haber muerto fue muy real.

¿Por qué estoy compartiendo esta historia tan personal hoy contigo? Pues, éste fue el momento más doloroso, aterrador y terrible de mi vida. Me obligó a emprender un viaje que cambió todo en mi vida y la vida de miles de hombres y mujeres en todo el mundo...

JuanSchukin.com

Donde descubriría la verdadera causa de la diabetes y sus síntomas...

Una verdad que la industria de la diabetes parece guardar para ellos mismos, cuyo negocio depende completamente de que tomes más y más medicamentos. Hasta que sufras un ataque al corazón, un derrame cerebral o caigas en coma...

Verás, a diferencia de lo que te hayan dicho, tu alto nivel de azúcar en la sangre o ese peso no deseado no es el problema.

En cambio, todo se debe a un proceso destructivo dentro del cuerpo de cada diabético, prediabético y aquellos que luchan con el sobrepeso. Eso causa estragos en cada célula y lentamente destruye tu cuerpo desde adentro...

En los últimos años, la diabetes se ha convertido en una de las principales causas de muerte en todo el mundo. Y según la Organización Mundial de la Salud, alrededor de 1,6 millones de personas en todo el mundo murieron debido a la diabetes en 2016.

Y no solo eso, sino que el costo de tener diabetes es absolutamente descabellado.

"Desafortunadamente, lo que escuchamos con demasiada frecuencia es que los consumidores no se dan cuenta hasta después de sufrir un ataque cardíaco o un derrame cerebral de que su cobertura de seguro puede no ser adecuada", dice la Dra. Polly Galbraith, vicepresidenta y directora médica en jefe de Assurant Employee Benefits, un proveedor de seguros.

Esta empresa dice que el costo de por vida del tratamiento de ataques cardíacos menos graves puede llegar a $760,000. Para un ataque cardíaco severo, el costo puede llegar a $1 millón.

La razón número uno por la que las personas quiebran en los Estados Unidos es por las facturas médicas.

Podrías dejar a tu familia sin hogar si sufres alguna complicación grave de diabetes. O terminas muriendo por esta afección. Incluso si sobrevives a un derrame cerebral o ataque cardíaco mortal, las finanzas de tu familia quedarán aniquiladas.

Esto da miedo, y es por eso que es absolutamente importante que hagas todo lo que esté a tu alcance para detener esta enfermedad. ¡Y la buena noticia es que hay una respuesta!

Al usar algunos alimentos y compuestos simples, tres veces al día, puedes detener el mecanismo mortal que te está enfermando. Esto es conocido por una pequeña tribu de las personas más longevas del planeta Tierra, el pueblo Hunza de Pakistán, a más de 5000 millas de casa.

Este descubrimiento no solo me salvó de otro ataque cardíaco o accidente cerebrovascular. Sino que en solo unas semanas revirtió cada síntoma de mi diabetes tipo 2. Y mi nivel de azúcar en la sangre pasó de 350 a 130.

Incluso mi médico estaba sorprendido y me dijo que continuara con lo que estaba haciendo. Me quitó todos los medicamentos y ya no necesito pincharme el dedo ni tomar medicamentos para la diabetes.

También perdí alrededor de 30 libras de grasa. Eliminé los dolores que tenía. Duermo mejor. Me siento mejor. Tengo mucha más energía. ¡Es increíble!

Y la mejor parte, hice todo esto sin ningún equipo especial o medicamentos caros. ¡Como alimentos deliciosos todos los días, y me veo mejor que nunca!

Estos compuestos y alimentos que revierten la diabetes tipo 2 casi milagrosamente son demasiado importantes para esconderlos. Me salvaron la vida, me ayudaron a perder más de 30 libras, me devolvieron mi libertad y mi salud.

Y éste ha sido el problema hasta ahora...

Estos compuestos simples han estado justo debajo de mis narices todo el tiempo. Y nos los han ocultado aquellos en los cuales hemos confiado para estar mejor.

Pero ya no, en esta breve presentación quiero compartir contigo por qué todo lo que pensabas que sabías sobre la diabetes es totalmente INCORRECTO.

Te sorprenderás cuando escuches la información privilegiada de un empleado de la industria farmacéutica al romper el silencio... y contarte las 3 mentiras más grandes que dicen los médicos de todo el mundo.

Descubrirás el secreto mortal y la verdadera causa de tu diabetes tipo 2. Y los compuestos clínicamente probados que puedes tomar ESTA NOCHE para detener este proceso mortal.

(...)

En Estados Unidos los diabéticos pagan más de 300 mil millones de dólares solo por medicamentos y visitas al hospital. Esa es una cantidad increíble que las industrias farmacéuticas NO quieren perder.

Prefieren mantenerte como cliente de por vida, comprando sus medicamentos mientras vivas, y eventualmente sufriendo complicaciones como ataque cardíaco, accidente cerebrovascular o amputación.

(...)

Es por eso que no importa la edad que tengas, tu peso, quiénes son tus padres, cuánto tiempo ha estado la diabetes en tu familia o cuál es tu genética. Si puedes eliminar la inflamación, puedes mejorar tu salud.

Esto, mi amigo, es la información que está salvando vidas y que se te ha ocultado durante décadas. Es una forma sorprendentemente simple y fácil de comenzar a revertir tu diabetes tipo 2 sin medicamentos, inyecciones o cirugía.

La industria farmacéutica y médica ha conocido estos secretos que destruyen la diabetes durante décadas. Estos estudios no son nuevos. Han sido publicados, y luego se cubrieron hace muchas décadas.

La diabetes es una industria de $300 mil millones de dólares al año, no van a poner en peligro estos beneficios al mostrarte cómo vencer tu diabetes de forma gratuita sin sus píldoras o inyecciones.

Todo sea por las ganancias.

Más de $300 mil millones de dólares. ¿Puedes entenderlo? Al mantener esta información lejos del público, las compañías farmacéuticas se salvaron de perder 200 millones de nuevos clientes y miles de millones de dólares en ganancias.

Estas personas quieren que tengas diabetes. NECESITAN que tengas diabetes y necesitan que las personas se mantengan enfermas el mayor tiempo posible. La industria farmacéutica se alimenta de personas enfermas a las que han enganchado con sus medicamentos que deben tomarse de por vida.

Cada inyección. Cada píldora. Cada inyección. Cada vez que monitoreas tu azúcar en la sangre. Todo eso hace que estas compañías ganen mucho dinero. Eres una fuente de ingresos de por vida para las grandes farmacéuticas.

¡Tienes que seguir comprando sus medicamentos, píldoras y otros accesorios de por vida! Si eliminaras la necesidad de tomar medicamentos para la diabetes, las farmacéuticas perderían miles de millones de dólares.

> Como médicos e investigadores que somos, vimos que algo no estaba bien. Es por eso que hemos unido fuerzas para brindarte este conocimiento para revertir tu diabetes tipo 2.

Creo que ha quedado en evidencia en este ejemplo que quien escribe esta historia se opone al statu quo. Se opone a lo más común del mundo. Se opone a que sigas escuchando a tu médico y que dejes de comprar medicamentos, porque — según el Rebelde — son ellos mismos (junto con las farmacéuticas) los que te siguen enfermando aún más. Un típico discurso del Rebelde. Y que funciona muy bien por cierto para venderle a cierto tipo de gente... y lo digo por experiencia.

*****

Muy bien. Esos fueron los 12 arquetipos que puedes adoptar (y adaptar) en tu negocio y marca personal o corporativa. No finjas ser uno de estos arquetipos. Como ya expliqué anteriormente, analiza qué arquetipo se asemeja más a tus valores, y de esa manera eliges el que vas a utilizar en tu negocio y para tu marca.

Arma #12: El santo grial del email marketing

"No estamos en la era de la información, estamos en la era del infotainment".

— Tony Robbins

Para muchas personas, en este capítulo no voy a enseñar absolutamente nada nuevo, especialmente si eres un vendedor o copywriter que envía un email al día para vender a su audiencia. Si ese es tu caso, entonces quizás quieras omitir este capítulo. Pero para ti que te has quedado leyendo para saber qué tengo para decir sobre este tema, deberías saber que si quieres aumentar tus ganancias con tu negocio online, y no solo aumentarlas, sino ayudar a tu negocio a alcanzar nuevos niveles de ventas, compromiso y respeto, es necesario que envíes un email al día para vender tus productos o servicios. Enviar un email al día puede ayudarte a conseguir **una marea de nuevos clientes para tu negocio que nunca querrán dejarte ni abandonarte**.

Enviar un email al día tiene varias ventajas y beneficios para tu negocio:

• Mejora la entregabilidad: Los emails frecuentes mantienen alta la reputación del remitente y evitan que caigan en spam.

- Aumenta la familiaridad con tu marca: La repetición diaria hace que tu nombre sea reconocido y recordado.

- Genera confianza y autoridad: Cuanto más te leen, más te perciben como un experto en tu sector.

- Maximiza oportunidades de venta: No todos compran al primer email. Más envíos = más chances de conseguir compradores en el momento adecuado.

- Rompe la fricción en la compra: La exposición repetida a una oferta la hace más familiar y menos riesgosa.

- Segmenta automáticamente a los clientes ideales: Los suscriptores menos interesados se irán, dejando una lista más calificada.

- Evita que tu audiencia te olvide: Si no estás en su bandeja de entrada, te reemplazarán con alguien que sí lo esté.

- Te protege de los cambios en algoritmos: No dependes de redes sociales que limitan tu alcance. El email es directo y personal.

- Acelera el proceso de decisión del cliente: Un cliente que recibiría 10 emails en meses ahora los recibe en 10 días y compra más rápido.

- Aprovecha los hábitos de lectura: Si un suscriptor no abre hoy, puede abrir mañana.

- Fortalece la relación con tu lista: La comunicación constante crea una sensación de cercanía y conexión con tu audiencia.

- Te diferencia de la competencia: Mientras otros envían un email a la semana, tú dominas la bandeja de entrada.

- Aprendes más rápido qué funciona: Más emails = más datos sobre qué asuntos, historias y ofertas generan mejores conversiones.

Como puedes notar, enviar un email al día es mucho mejor que enviar un email a la semana, o peor aún, un email al mes.

Pero… hay un problema.

Si no quieres que te vean como un spammer, debes tener algo para decir. No puedes enviar un email al día solo para decirles (parafraseando): "Oye! Recuerda que vendo un producto para blablabla y lo puedes conseguir en este link".

Si quieres que enviar un email cada día te ayude a despegar las ventas de tu negocio y por lo tanto tus ganancias, vas a tener que hacer algo mucho mejor que eso. Vas a tener que hacer **infotainment**.

Pero… ¿qué es infotainment?

A continuación te dejo un pequeño extracto de mi libro "Email Marketing Inmersivo" para que lo entiendas (si has comprado mi libro "Email Marketing Inmersivo" y piensas que estoy revelando información muy importante y que no debería hacerlo… pues en realidad no estoy revelando nada importante, ya que lo siguiente, en parte, está en la carta de ventas del libro, y también en los emails gratuitos que envío):

Se llama…

Infotainment

Y si has comprado otros cursos de copywriting o email marketing, quizás has escuchado el término. Y quizás te han explicado cómo ponerlo en práctica. No tengo idea de lo que te han enseñado si es que has leído algo sobre el tema… pero lo más probable es que no vayas a leer algo que ya sabías sobre infotainment porque no he visto (hasta ahora… y que yo sepa) a ningún vendedor o marketer o copywriter usarlo como te voy a explicar aquí, ya que por lo que he visto, sus emails son muy diferentes a los míos. Es decir, son aburridos.

Ahora…

El infotainment no es algo que yo inventé y no quiero hacerme pasar como alguien original que inventó o descubrió cierta estrategia o táctica como hacen algunos (y muy conocidos por cierto) en el mercado hispano… y como he visto hacer por ejemplo a ciertos copywriters de España que han copiado hasta la personalidad de algunos copywriters de Estados Unidos… como la personalidad de Ben Settle (descarados).

Así que…

Como lo correcto y ético es darle crédito a aquellos que se lo merecen, el infotainment aplicado a los emails es algo que aprendí de Ben Settle... quien a su vez lo aprendió de Matt Furey... y quien a su vez no lo aprendió de nadie más porque fue el genio original.

Sin embargo...

El método que te voy a enseñar aquí, que llamé Copy30, no lo copié de nadie y lo he desarrollado yo mismo en base a lo que he aprendido de otros.

Pero...

¿En qué consiste el método Copy30? Este consiste básicamente en 3 puntos importantes:

1) Mirar todos los días 30 minutos (al menos) de alguna película o serie que te gusta. También puedes leer una novela (ficción)... pero te llevará quizás más tiempo porque en 30 minutos es poca la información que podrás adquirir de tal novela.

2) Escribir un email en 30 minutos (o menos) contando una minihistoria sobre algo que hayas visto en tal película o serie. Y combinar lo anterior con algún consejo de tu nicho para promocionar tu producto.

3) Y de tus emails semanales, un 30% de ellos deberían estar escritos como mencioné en el punto anterior.

Ahora…

¿Por qué solo el 30%? ¿Por qué no basar todos tus emails en una minihistoria que hayas visto en una película o serie? Pues… porque la gente podría aburrirse de ver siempre el mismo tipo de email. Puedes intentarlo si quieres. Las reglas del marketing están para romperse (algo que dijo Dan Kennedy). Y no tienes que hacer exactamente todo al pie de la letra como yo te voy a decir en este libro. Simplemente testea y analiza si basar el 100% de tus emails en lo anterior perjudica tus ventas, y que debe ser el único parámetro que deberías mirar y no el porcentaje de apertura o de clics o lo que sea (sí, estoy contradiciendo probablemente a algunos "gurús" o influencers del humo aquí).

Pero…

Te debes estar preguntando… ¿qué debes escribir en los demás emails (el 70% restante)? Y además… ¿cómo escribo todos los emails? ¿Cómo debo unir lo que vi en una película con un consejo de mi nicho? Explícate Juan!

No te preocupes. Ya lo veremos paso a paso.

Pero… primero lo primero. Y es que estaba intentando definir qué es el infotainment y mi mente se fue para otro lado. Suele suceder. El infotainment es una forma de vender que mezcla información con entretenimiento. De allí viene su nombre: una mezcla entre "information" y "entertainment".

De hecho…

Tony Robbins una vez dijo que en realidad no vivimos en la era de la información, sino que vivimos en la era del infotainment. Aquel que sabe cómo hacer infotainment, será el que más dinero gane.

Lamentablemente es así.

No importa si eres un experto en psicología y que te hayas recibido de la mejor universidad del mundo y hecho decenas de cursos. No importa qué tanto conocimiento demuestres ni qué tanto valor (consejos gratis muy valiosos) ofrezcas a las personas. Aquella persona que sabe mucho menos que tú sobre psicología, pero que sabe cómo usar el infotainment, ganará mucho más dinero que tú. Punto.

Sino…

¿Cómo explicas que alguien como Tony Robbins o similares sean millonarios? Sí, saben vender. Pero lo que hacen mejor es usar el infotainment. Es por eso que Tony Robbins usa tácticas como el "firewalking", es decir, pide a las personas caminar sobre las brasas, lo cual es puro infotainment (por cierto… ¿sabías que está todo arreglado químicamente para que en realidad esas brasas no quemen los pies?)

Y es que…

La diferencia entre Tony Robbins y los demás coachs que no llegan a fin de mes es que el primero aprendió a dominar el infotainment. Y los demás solo entregan "valor", contenido aburrido en crudo y sin procesar.

Y lo mejor de todo esto...

Es que el infotainment se volverá cada vez más importante a medida que las economías de los países sigan hundiéndose... y sobre todo en épocas de grandes crisis... simplemente porque las personas en épocas de crisis lo que buscan es "escapar" de la realidad... y el entretenimiento es aquello que más consumen en estas épocas de vacas flacas. Y adivina a quién elegirán en tu nicho cuando se trate de comprar algo. Sí, a ti si usas infotainment en vez de a la aburrida de tu competencia.

Por lo tanto, eso es infotainment. Ahora empieza a escribir emails con infotainment, y podrás gozar de un nuevo nivel de ventas en tu negocio y crear una legión de superfans que nunca se cansarán ni se aburrirán de comprar de ti. Todo lo contrario, estarán felices de entregarte su dinero.

JuanSchukin.com

Más secretos gratis

"Y por si no nos volvemos a ver, buenos días, buenas tardes y buenas noches".

— Truman Burbank
The Truman Show

Muy bien. Espero que hayas disfrutado de la lectura de este libro, pero sobre todo, que lo pongas en práctica.

No soy bueno para las despedidas, así que voy a ir directo al grano.

Es extremadamente probable que ya estés suscrito a mi newsletter gratuito. Pero en el caso de que no lo estés por alguna extraña e inexplicable razón… puedes suscribirte en la siguiente página para recibir mis mejores emails sobre email marketing, copywriting y marketing online (y también el truco de persuasión de Juego de Tronos si sigue disponible):

JuanSchukin.com

Éxitos,

Juan Schukin

www.ingramcontent.com/pod-product-compliance
Lightning Source LLC
Chambersburg PA
CBHW060825220526
45466CB00003B/981